KB274988

스마트폰으로
편하게 연습하는
기초 시창과 청음

입문자용

1458music

일러두기

1. 교재의 모든 악보는 QR 코드를 통해 들을 수 있습니다.
2. 수록된 악보는 저자의 오랜 경험을 바탕으로 만들어진 저작물입니다. Copy 하여 사용할 수 없습니다.
3. 제공하는 음원은 연습용으로만 사용할 수 있습니다. 음원을 재배포할 수 없습니다.
4. 일부 와이파이 공유기에서 음원 주소 오류가 있을 수 있습니다. 이런 경우 스마트폰의 와이파이를 끄고 사용하면
   정상적인 음원으로 접속할 수 있습니다.

스마트폰으로
편하게 연습하는

기초 시창과 청음

입문자용

박은해

지음

1458music

　「스마트폰으로 편하게 연습하는 시창과 청음」을 선보인 지 어느덧 1년이 지났습니다. 그동안 많은 분이 보내주신 따뜻한 관심과 사랑 덕분에 이 책이 기대보다 훨씬 큰 울림을 낼 수 있었습니다. 다시 한번 모든 분께 진심으로 감사의 마음을 전합니다. 이번에는 처음부터 더 차근차근 배우고 싶어 하는 분들을 위해, 새롭게 「기초 시창과 청음_입문자용」으로 다시 인사드리게 되었습니다.

　누구나 시창과 청음이라는 과목을 처음 접하면 다소 낯설고 어렵게 느낄 수 있습니다. 악보의 선율이 아직 눈에 익지 않고, 들리는 소리를 음으로 옮기는 과정도 어색하게만 느껴질 때가 많습니다. 그래서 이 책은 그러한 첫걸음을 혼자가 아니라 함께 걸어가며, 옆에서 다정히 손을 잡아 주는 길잡이가 되고자 하는 마음으로 준비했습니다. 작은 걸음을 떼는 순간부터 차근차근 곁에서 동행하는 친구처럼 여러분과 함께하고 싶습니다.

　음악은 단순히 이론으로 배우는 것이 아니라 귀로 듣고, 마음으로 그리고, 삶 속에 자연스럽게 녹여내는 예술입니다. 시창과 청음은 바로 그 출발점이자 음악의 기초를 든든히 세우는 과정입니다. 매일 이어가는 짧은 연습이 모여 언젠가는 큰 울림으로 자라나듯, 이 책을 통해 차곡차곡 쌓아가는 여러분의 시간이 결국에는 소중한 결실이 되어 돌아올 것을 믿습니다.

　이 책을 내기까지 지혜와 힘을 더해주신 하나님께 감사드리며, 언제나 곁에서 사랑과 격려로 힘이 되어주신 가족과 부모님, 그리고 사랑하는 남편께 깊은 감사의 마음을 전합니다. 또한 이 책을 함께 만들어 주신 1458music 양세진 대표님과 모든 직원분들께도 진심으로 감사드립니다.

Im Nomine Jesu

박은해

1. 체계적으로 음정과 리듬을 연습할 수 있습니다.

본 교재는 $\frac{3}{4}$, $\frac{4}{4}$, $\frac{6}{8}$ 박자의 기본적인 리듬 패턴을 순차적인 음정 변화와 함께 익힐 수 있도록 구성되었습니다. 또한 간단한 주제 선율을 변주하는 연습에 집중하여, 복잡한 멜로디도 자연스럽게 들을 수 있도록 도와줍니다. 모든 수록 악보는 음원으로 제공되어, 혼자서도 꾸준히 연습할 수 있을 뿐 아니라 입시까지 충분히 대비하도록 하였습니다.

2. 메트로놈과 피아노가 없어도, QR 코드 음원으로 편하게 연습하세요.

본 교재의 음원은 실제 청음 입시와 유사한 형식으로 제작되었으며, 모든 악보를 메트로놈이 있는 QR 코드로 바로 들을 수 있어 학습의 효율을 높였습니다.

- Part02~03 : 1~8마디를 메트로놈과 함께 한 번 들을 수 있습니다.
- Part04~06 : 아래처럼 마디를 구분하여 듣도록 구성되어 있으며, ①·②번은 메트로놈이 함께 나오고 ③번은 메트로놈 없이 제시됩니다.

  1~8마디 → 1, 2마디 → 1, 2마디 → 1, 2, 3, 4마디 → 3, 4마디 → 3, 4, 5, 6마디
  → 5, 6마디 → 5, 6, 7, 8마디 → 7, 8마디 → 7, 8마디 → 1~8마디

  (마디 사이는 7초 간격으로 답안을 적을 수 있는 시간이 주어집니다. 실전 모의 고사는 12초 간격)

오른쪽 QR 코드에 접속해서 음원 활용법을 먼저 시청해 주세요. 

3. 오선 노트를 활용하여 꼭 청음 연습을 합니다.

악보를 시창한 후에는 반드시 오선 노트로 청음 연습까지 이어가세요. 이런 연습 과정이 쌓일 때 진짜 시창과 청음 실력이 늘어납니다.

목차

1

시창과 청음 연습을 위한 기초 이론

시창과 청음 연습을 위한 기초 이론

1. 음이름

시창과 청음 훈련에서 음이름의 이해는 매우 중요합니다. 음높이에 따라 각각 다른 이름이 있고 이탈리아어, 영어, 한국어의 음이름이 다릅니다. 시창에서는 주로 이탈리아어 음이름을 사용합니다.

이탈리아어	도	레	미	파	솔	라	시
영어	C	D	E	F	G	A	B
한국어	다	라	마	바	사	가	나

2. 말하는 시창(Parlato)

시창 훈련에서 계이름은 단순히 음높이를 부르는 도구를 넘어 발음을 통해 음악적 표현을 하는 것입니다. 계이름의 발음이 뚜렷하고 자연스러울수록 리듬감이 명확해지고, 시창의 안정성이 높아집니다. 아래와 같은 요령으로 계이름을 부르면 좋습니다.

① 도(Do) : '오'의 발음이 너무 입술을 오므리지 않도록 혀 뒤쪽 구강을 열어주며 발음

② 레(Re) : 'ㄹ'을 혀끝을 굴려 발음, '에'는 입술을 옆으로 벌려줌, 끝처리는 부드럽게 발음

③ 미(Mi) : '이'가 너무 눌린 소리가 나지 않게 발음

④ 파(Fa) : '프' 발음은 윗니로 아랫입술을 살짝 물면서 너무 세지 않게 발음

⑤ 솔(Sol) : '솔'보다 '쏠'로 발음

⑥ 라(La) : 'ㄹ'을 굴려주지 않고 혀를 빠르게 위에서 아래로 발음

⑦ 시(Si) : 거칠게 '씨'가 되지 않도록 하면서 입술을 옆으로 하여 공간을 만들어 발음

3. 보표와 음자리표

1) 보표(Staff)

보표는 음의 높낮이와 길이를 기록하는 선입니다. 다섯 개의 선과 그 사이의 공간을 사용하여 음의 위치를 나타냅니다. 선과 칸 각각이 일정한 음높이를 의미합니다. 다섯 줄을 넘으면 덧줄과 덧칸으로 표시합니다.

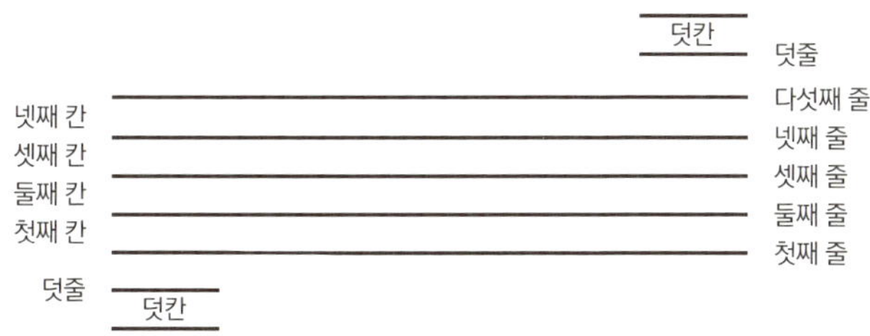

2) 음자리표

음자리표는 '도'의 위치를 지정하는 기호입니다. 주로 세 가지를 사용합니다.

높은음자리표(G Clef) : 보표의 둘째 선을 기준으로 '솔(G)' 음을 표시합니다. 주로 피아노의 오른손, 바이올린 등 높은 음역 악기에 사용합니다.

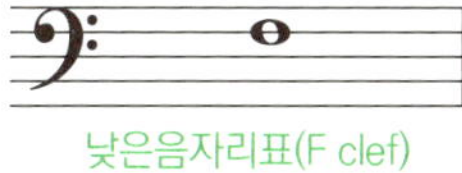

낮은음자리표(F Clef) : 보표의 넷째 선을 기준으로 '파(F)' 음을 표시합니다. 주로 피아노의 왼손, 첼로, 바순 등 낮은 음역 악기에 사용합니다.

가온음자리표(C Clef) : 보표의 특정 선을 기준으로 '도(C)' 음을 나타냅니다. 위치에 따라 테너, 알토, 메조소프라노, 소프라노 표가 있습니다.

4. 건반과 음이름

시창 청음 연습을 잘하기 위해서는 머릿속으로 항상 피아노 건반을 그려야 합니다. 건반을 보면서
자연음과 사이음을 익혀보겠습니다.

자연음

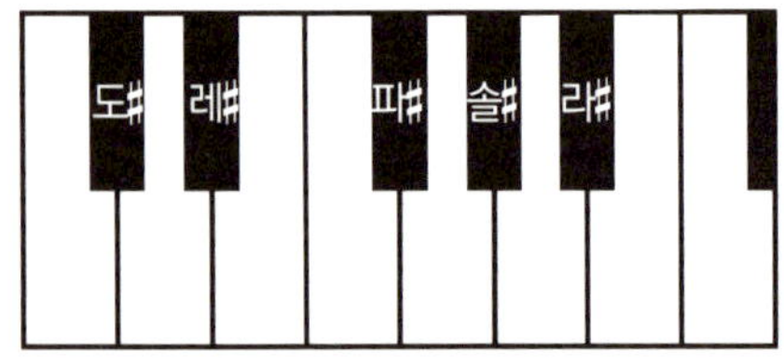

사이음(올림)

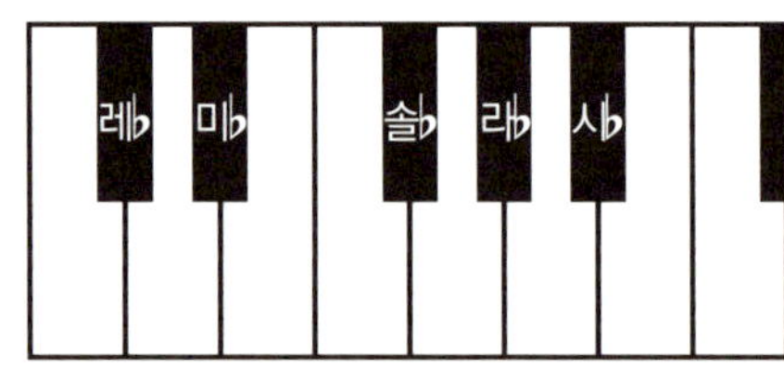

사이음(내림)

5. 음표와 쉼표

음표는 음의 높이와 길이를 기호로 나타내는 표기입니다. 음의 높이는 보표에서 음표의 위치(선과
칸)에 의해 결정됩니다. 길이는 음표의 모양과 기둥, 꼬리, 점에 따라 결정됩니다.

1) 음표 각 부분의 명칭

2) 음표와 쉼표의 종류

음표	이름	4분음표를 1박으로 했을 때의 길이	쉼표	이름
𝅝	온음표	4박	▬	온쉼표
𝅗𝅥	2분음표	2박	▬	2분쉼표
♩	4분음표	1박	𝄽	4분쉼표
♪	8분음표	1/2박	𝄾	8분쉼표
𝅘𝅥𝅯	16분음표	1/4박	𝄿	16분쉼표
𝅘𝅥𝅰	32분음표	1/8박	𝅀	32분쉼표

3) 점음표와 점쉼표(점의 길이는 앞 음표의 1/2)

음표	이름	실제 연주 길이
𝅝.	점온음표	𝅝 + 𝅗𝅥
𝅗𝅥.	점2분음표	𝅗𝅥 + ♩
♩.	점4분음표	♩ + ♪
♪.	점8분음표	♪ + 𝅘𝅥𝅯

4) 잇단음표(기본 박자의 길이를 숫자만큼 균등하게 나눠 표현하는 리듬 기호)

음표	셋잇단음표	다섯잇단음표
𝅝	(3)	(5)
𝅗𝅥	(3)	(5)
𝅘𝅥	(3)	(5)
𝅘𝅥𝅮	(3)	(5)

6. 마디

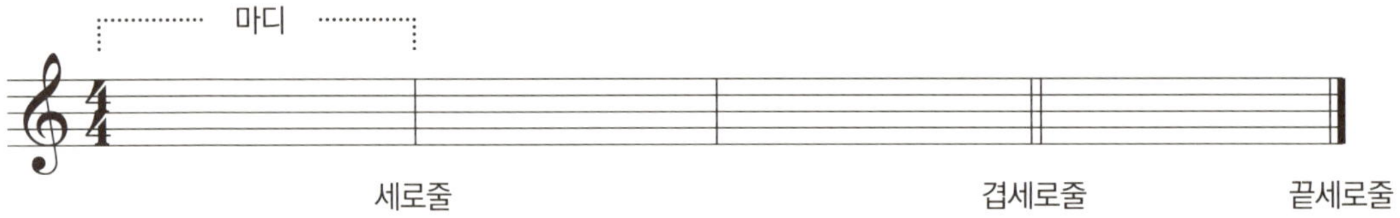

1) 세로줄(Barline)

악곡에서 일정하게 반복되는 강약과 여림박의 주기(박자)를 분명하게 구분하기 위해서 표기

2) 겹세로줄(Double Barline)

① 곡의 진행 중 박자표가 바뀔 때

② 곡의 진행 중 조성이 바뀔 때

③ D·S(달세뇨)나 D·C(다카포) 등의 기호에 의하여 반복될 때(곡의 끝마치는 곳에 표기)

3) 끝세로줄(Final Barline)

악곡을 마치는 마디에 표기

7. 박자

1) 홑박자(Simple Meter) : 2박자, 3박자, 4박자

2) 겹박자(Compound Meter) : 3박자를 한 단위로 묶는 박자

서로 다른 단순 박자끼리 섞여 한 마디를 이루는 박자를 혼합 박자라고 합니다.

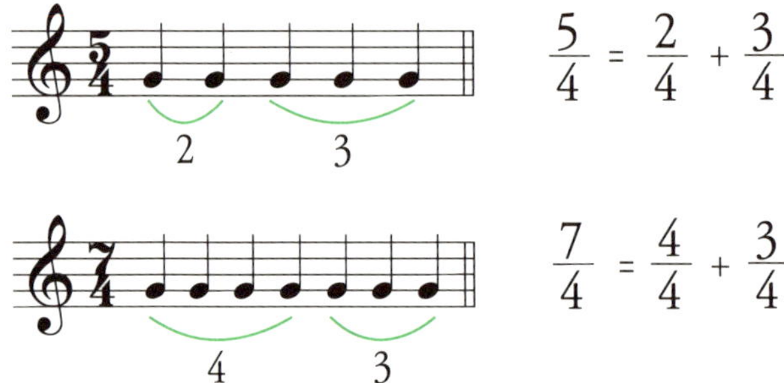

※기보 Tip : 리듬의 가독성을 위해 강박과 약박의 구분이 드러나도록 음표를 묶음(beam) 처리한다.

4) 박자표

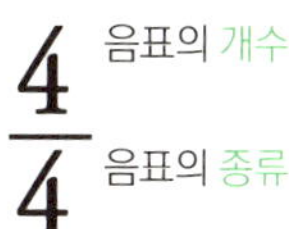

$\frac{3}{4}$: 4분의 3박자(4분음표가 한 박 기준, 한 마디에 4분음표 3개가 들어감)

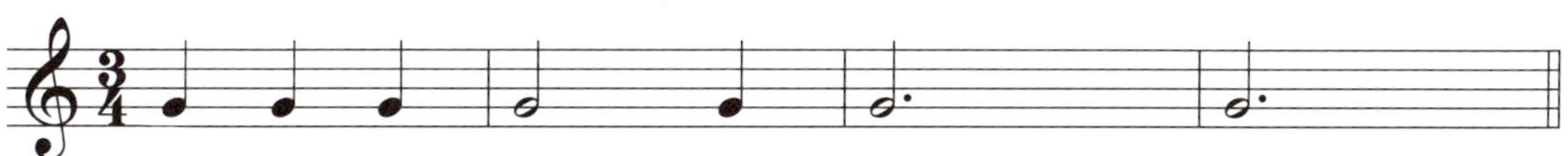

$\frac{4}{4}$: 4분의 4박자(4분음표가 한 박 기준, 한 마디 안에 4분음표 4개가 들어감. **C** 기호로도 표시)

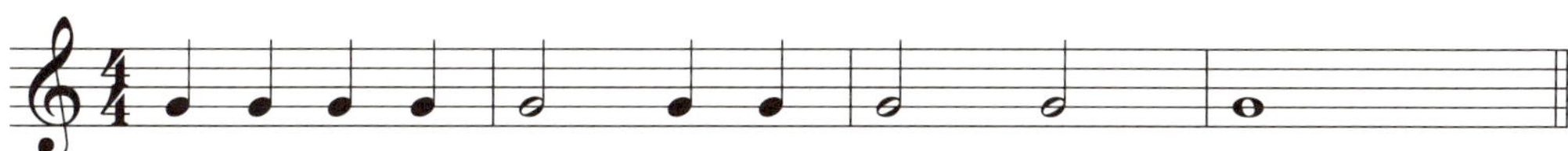

$\frac{6}{8}$: 8분의 6박자(8분음표가 한 박 기준, 한 마디 안에 8분음표 6개가 들어감)

8. 임시표와 조표

1) 변화표의 종류(변화표는 임시표와 조표에 쓰임)

종류	명칭	의미
♯	올림표(Sharp)	반음 올림
♭	내림표(Flat)	반음 내림
𝄪	겹올림표(Double Sharp)	온음 올림
♭♭	겹내림표(Double Flat)	온음 내림
♮	제자리표(Natural)	제자리로 돌림

2) 임시표 : 곡의 진행 중 사용하며 같은 마디 안에서 그 변화표가 사용된 음 + 같은 높이의 음에 적용

3) 조표 : 악곡 처음에 변화표를 붙임. 붙은 변화표는 곡의 전체에 적용

♯ 붙는 순서 : 파도솔레라미시

♭ 붙는 순서 : 시미라레솔도파

9. 음정

음정은 두 음 사이의 거리를 뜻하는 말입니다. 영어로는 Interval이라고 하고, 단위로는 '○도'를
사용합니다. 예를 들어 아래 악보의 도수는 '도레미파' 4도입니다. 즉, '도~파'의 도수는 4도라고
표시합니다.

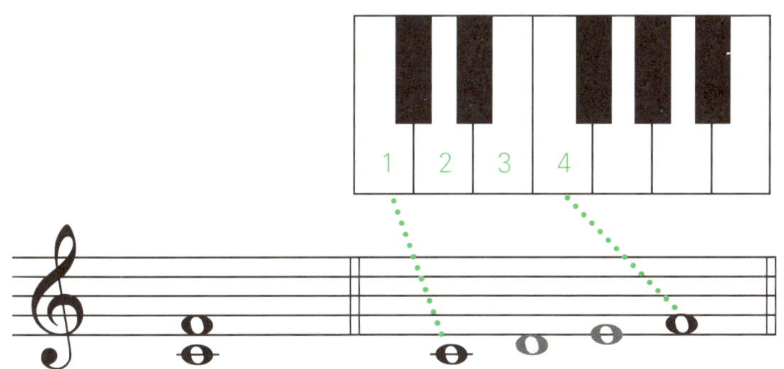

낮은 '도'부터 옥타브 위의 '도'까지 순차적으로 도수를 구하면 아래와 같습니다.

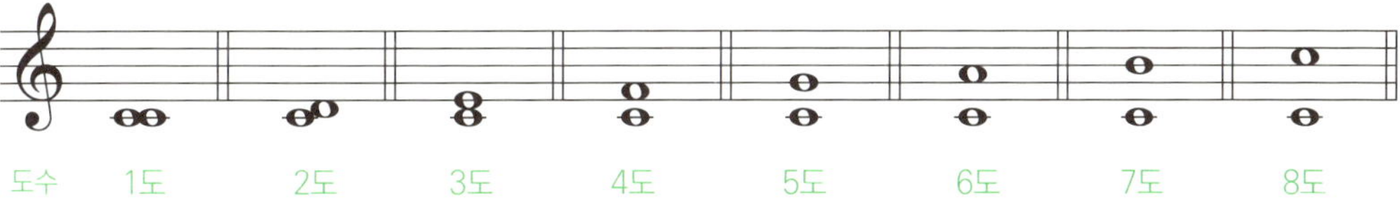

2

청음을 위한 기초 시창 연습

1. 메트로놈 속도는 ♩ = 62, 72로 준비되어 있습니다.

2.  QR 코드에 접속하여
C Major scale을 들은 후 시창합니다.

3. 오선 노트를 펴고 QR 코드의 음원을 들으며 청음합니다.

다장조 스케일(도~도)을 음정과 리듬을 응용하여 상행, 하행으로 연습합니다. 시창할 때 건반 그림을 보거나 머릿속으로 건반을 상상하며 연습하면 효과적입니다.

- 4/4박자는 한 마디에 4박, 한 박이 4분음표에 해당한다는 개념을 확실히 이해합니다.
- 리듬 패턴을 주의해서 연습합니다.
- 마디가 바뀔 때 적절히 숨을 쉬는 연습이 필요합니다.
- 음이름을 정확하게 발음하며 시창합니다.

① 온음표 2도 상행

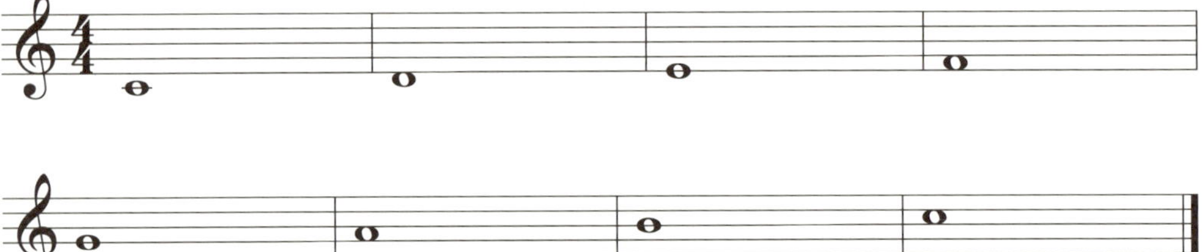

② 온음표 2도 하행

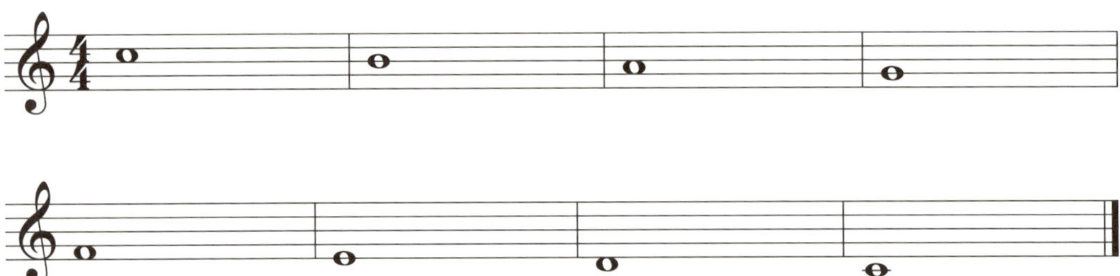

③ 2분음표 2도 상행

④ 2분음표 2도 하행

⑤ 4분음표 2도 상행

⑥ 4분음표 2도 하행

⑦ 8분음표 2도 상행

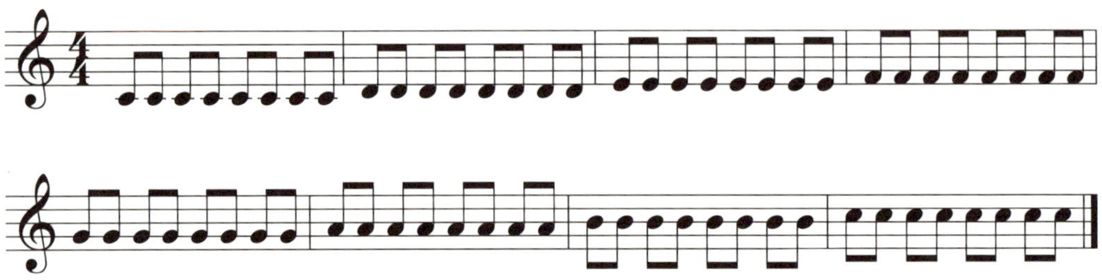

⑧ 8분음표 2도 하행

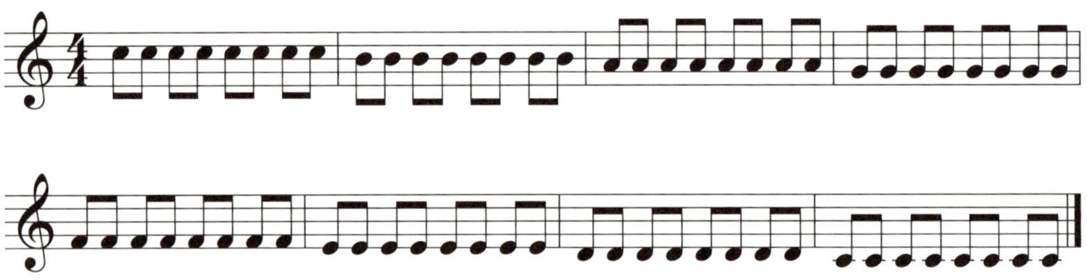

⑨ 4+8분음표 2도 상행

⑩ 8+4분음표 2도 하행

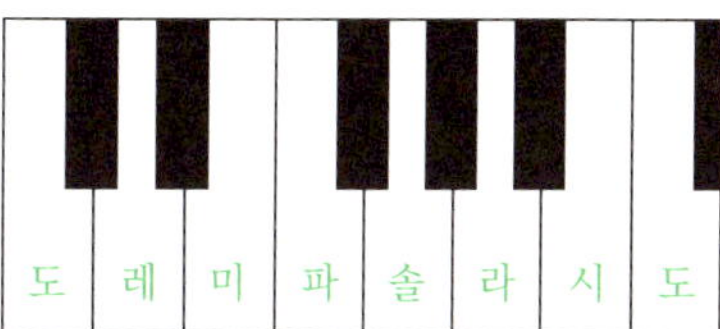

⑪ 2분음표 2도 상행

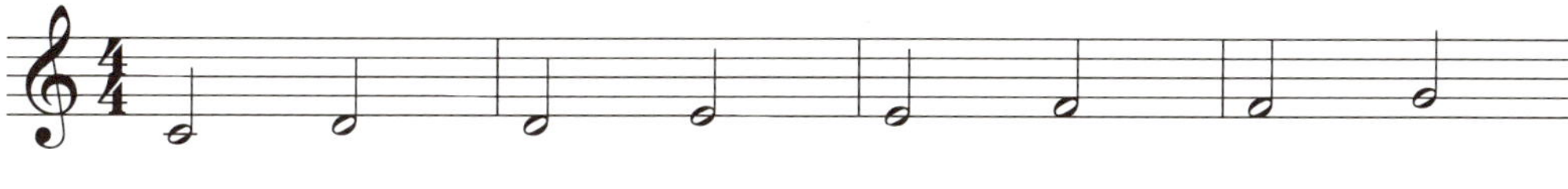

⑫ 2분음표 2도 하행

⑬ 2분음표 3도 상행

⑭ 2분음표 3도 하행

⑮ 2분음표 4도 상행+하행

⑯ 2분음표 5도 상행+하행

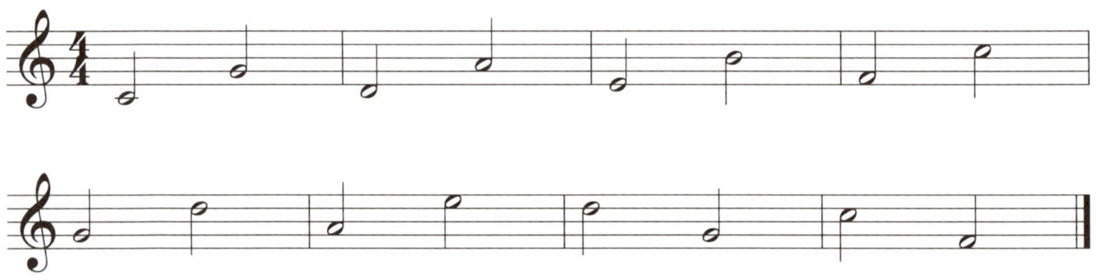

⑰ 2분음표 6도 상행+하행

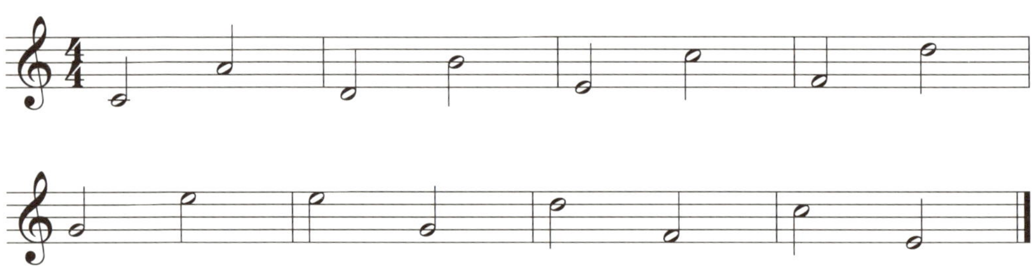

⑱ 2분음표 7도 상행+하행

⑲ 2분음표 8도 상행+하행

⑳ 2분음표 음정 종합 상행

㉑ 2분음표 음정 종합 하행

1. 메트로놈 속도는 ♩ = 62, 72로 준비되어 있습니다.

2. QR 코드에 접속하여
   C Major scale을 들은 후 시창합니다.

3. 오선 노트를 펴고 QR 코드의 음원을 들으며 청음합니다.

다장조 스케일(도~도)을 음정과 리듬을 응용하여 상행, 하행으로 연습합니다. 시창할 때 건반 그림을 보거나 머릿속으로 건반을 상상하며 연습하면 효과적입니다.

- 3/4박자는 한 마디에 3박, 한 박이 4분음표에 해당한다는 개념을 확실히 이해합니다.
- 강약 구조(첫 박이 강박, 둘째·셋째 박이 약박)를 느끼며 리듬을 정확히 표현하도록 연습합니다.
- 리듬 패턴을 주의해서 연습합니다.
- 마디가 바뀔 때 호흡을 자연스럽게 연결하고, 불필요하게 끊기지 않도록 합니다.
- 음이름을 정확하고 또렷하게 발음하여 시창합니다.

① 점2분음표 2도 상행

② 점2분음표 2도 하행

③ 2+4분음표 2도 상행

④ 2+4분음표 2도 하행

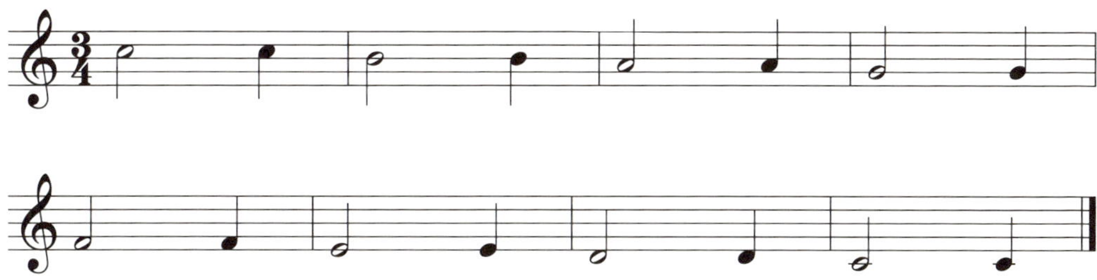

⑤ 4분음표 2도 상행

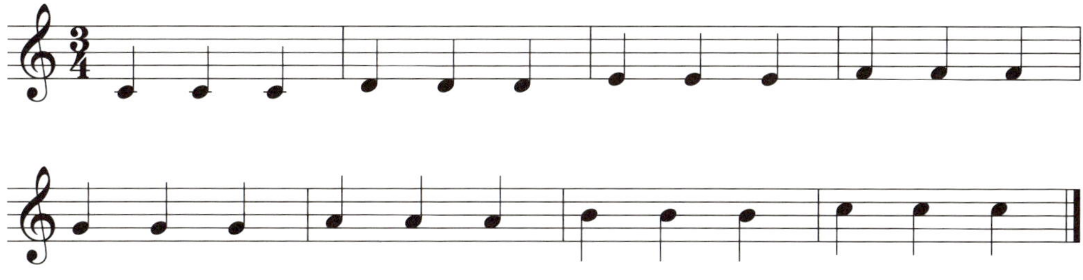

⑥ 4분음표 2도 하행

⑦ 4+8분음표 2도 상행

⑧ 8+4분음표 2도 하행

⑨ 2+4분음표 2도 상행

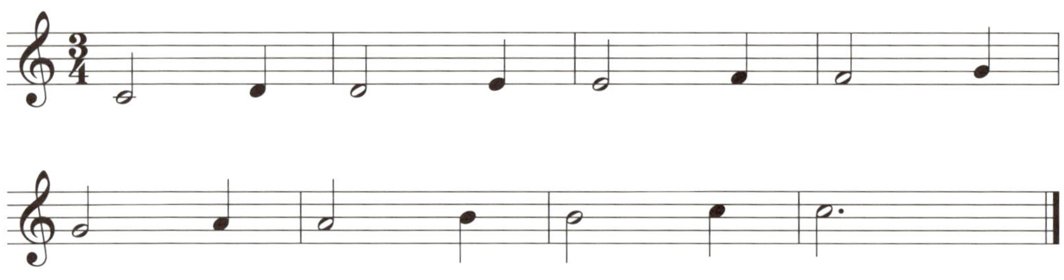

⑩ 2+4분음표 2도 하행

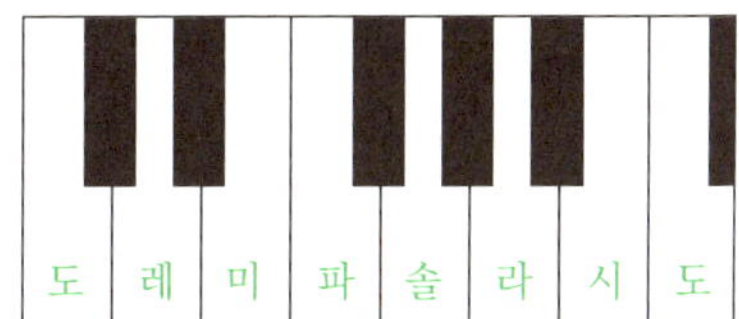

⑪ 2+4분음표 3도 상행

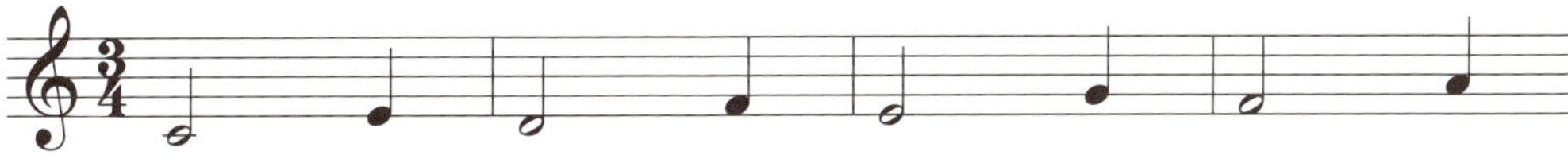

⑫ 2+4분음표 3도 하행

⑬ 2+4분음표 4도 상행

⑭ 2+4분음표 5도 상행

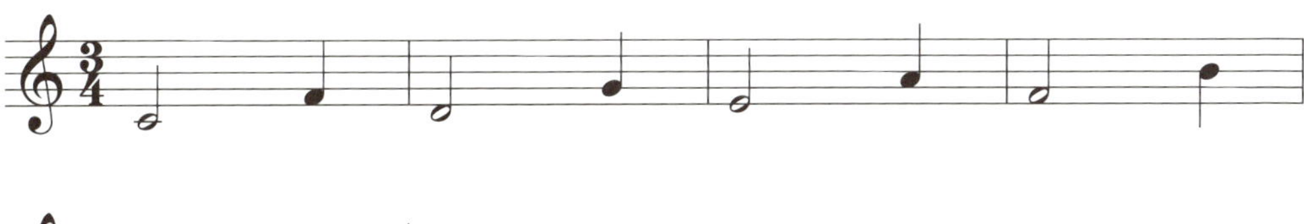

⑮ 2+4분음표 6도 상행+하행

⑯ 2+4분음표 7도 상행+하행

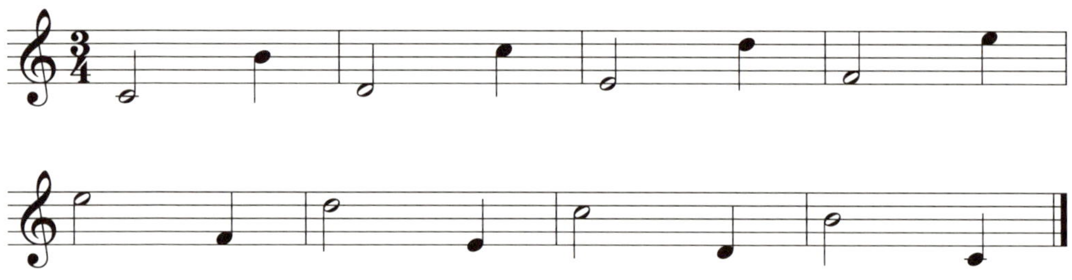

⑰ 2+4분음표 8도 상행+하행

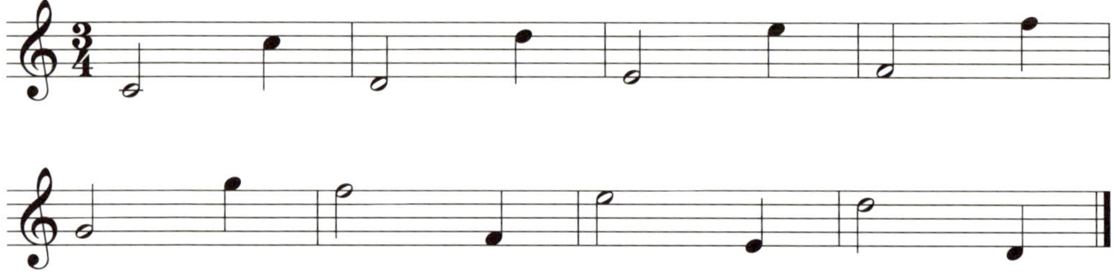

⑱ 2+4분음표 음정 종합 상행

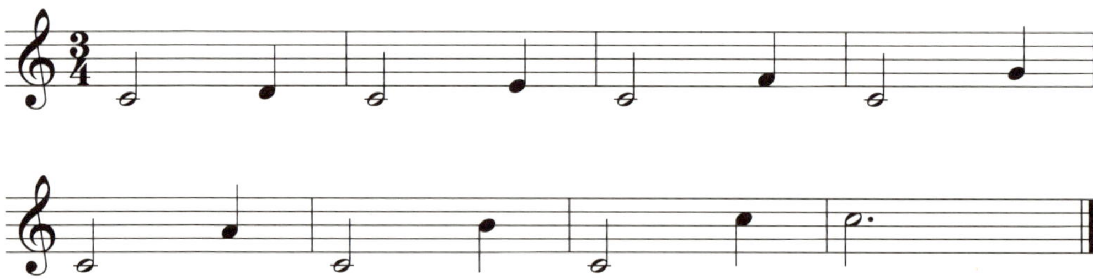

⑲ 2+4분음표 음정 종합 하행

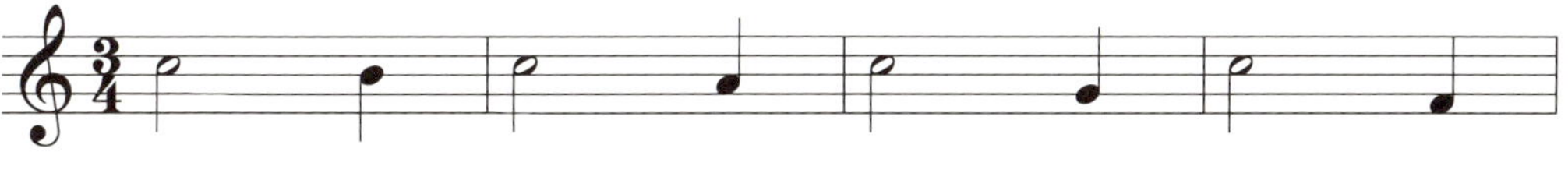

1. 메트로놈 속도는 ♪ = 92, 108로 준비되어 있습니다.

2. 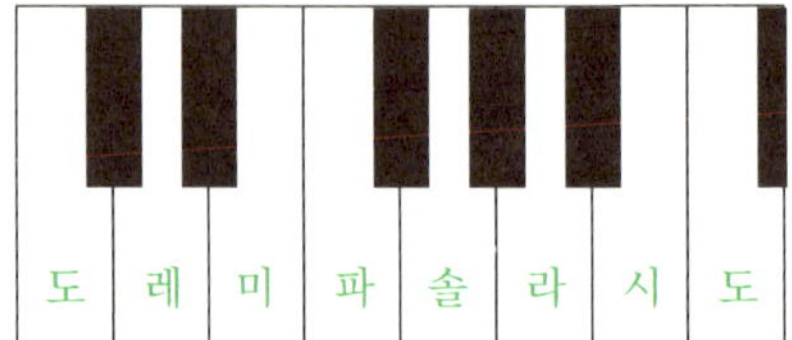 QR 코드에 접속하여
C Major scale을 들은 후 시창합니다.

3. 오선 노트를 펴고 QR 코드의 음원을 들으며 청음합니다.

다장조 스케일(도~도)을 음정과 리듬을 응용하여 상행, 하행으로 연습합니다. 시창할 때 건반 그림을 보거나 머릿속으로 건반을 상상하며 연습하면 효과적입니다.

• 6/8박자는 한 마디가 여섯 박으로 이루어지며, 여섯 개의 8분음표가 들어가고 두 개의 큰 박(셋+셋)으로 묶여 있다는 개념을 확실히 이해합니다.

• 강약 구조(첫 박이 강박, 네 번째 박이 약간의 중강박, 나머지는 약박)를 자연스럽게 느끼며 연습합니다.

• 리듬 패턴을 주의해서 연습합니다.

• 음의 길이를 '셋+셋'의 흐름 속에서 일정하게 유지하며 늘어지지 않도록 합니다.

① 점4분음표 2도 상행

② 점4분음표 2도 하행

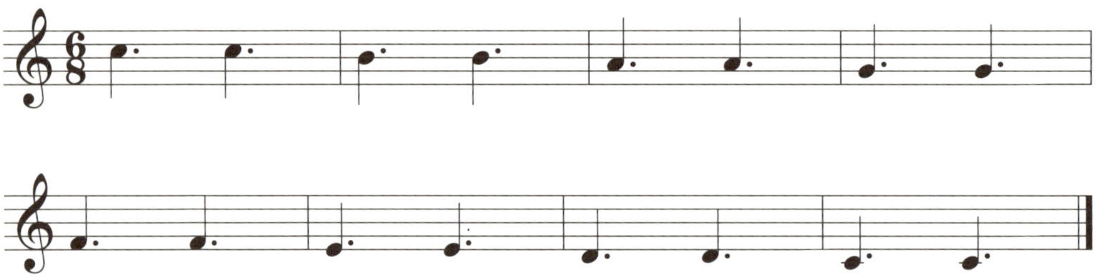

③ 점4분음표 2도 상행

④ 8분음표 2도 상행

⑤ 8분음표 2도 하행

⑥ 4+8분음표 2도 상행

⑦ 4+8분음표 2도 하행

⑧ 8+16분음표 2도 상행

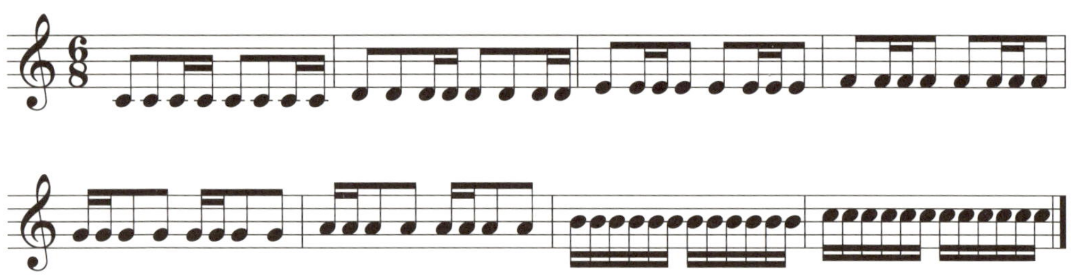

⑨ 8+16분음표 2도 하행

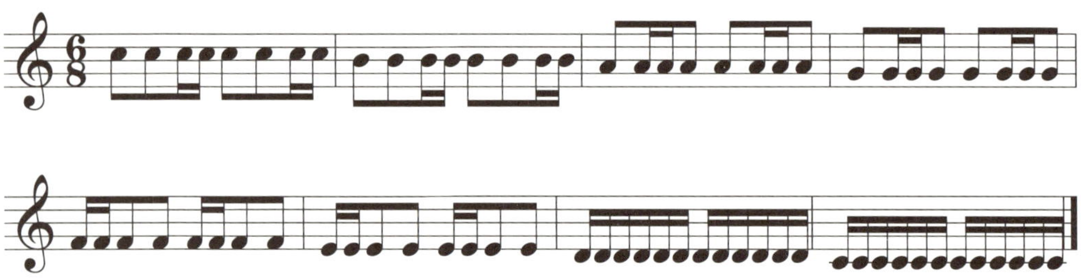

⑩ 점4분음표 3도 상행+하행

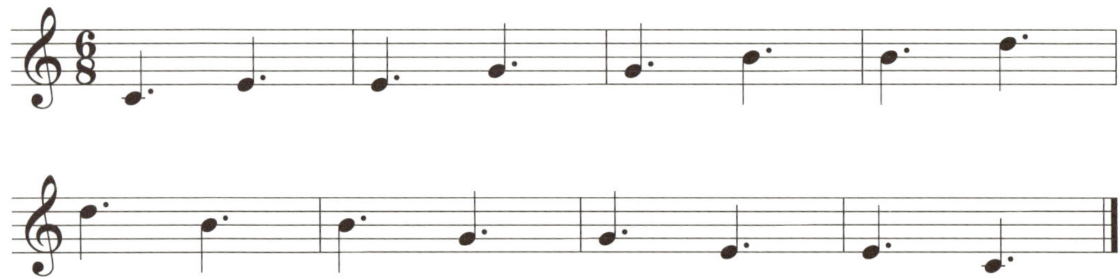

⑪ 점4분음표 4도 상행

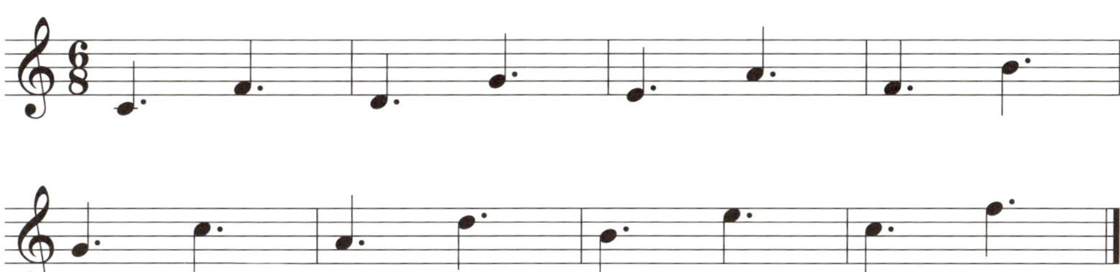

⑫ 점4분음표 5도 상행+하행

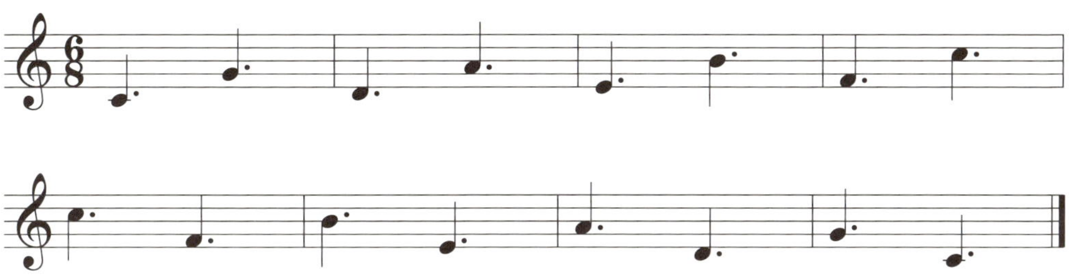

⑬ 점4분음표 6도 상행+하행

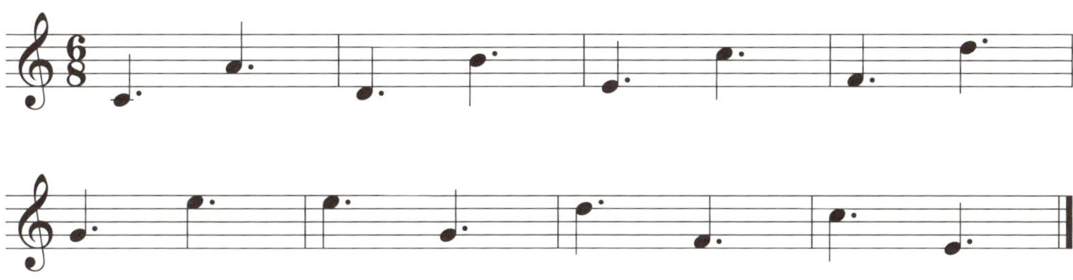

⑭ 점4분음표 7도 상행+하행

⑮ 점4분음표 8도 상행+하행

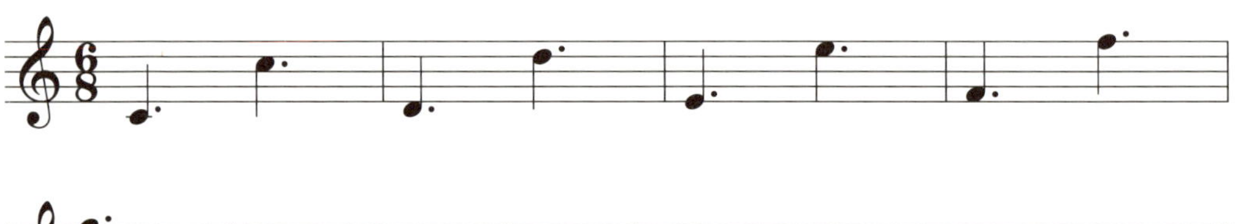

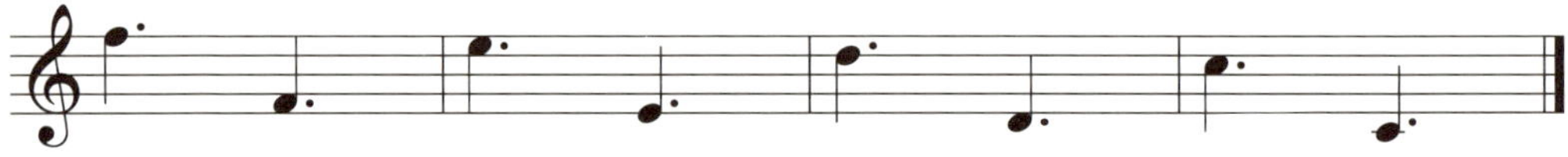

3

청음을 위한
첫 박 적기

- 3/4 박자
- 4/4 박자
- 6/8 박자

청음을 위한 첫 박 적기

청음을 훈련할 때 처음부터 모든 음을 적으려고 하면, 헷갈리거나 놓칠 수가 있습니다. 그래서 먼저 첫 박을 정확히 적는 연습이 필요합니다. 첫 박을 놓치면 이후의 리듬이 흔들리거나 마디가 어긋나게 되므로, 첫 박을 정확하게 듣고 적어야 합니다.

1. 박자표 확인

먼저 박자표를 확인하고, 한 마디에 들어가는 박의 수를 이해합니다. 예를 들어 3/4박자는 세 박, 6/8박자는 여섯 개의 8분음표가 두 개의 큰 박으로 묶여 있습니다. 이렇게 박자의 구조를 먼저 떠올려야 첫 박을 안정적으로 시작할 수 있습니다.

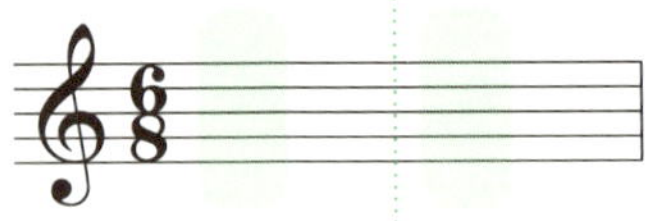

2. 강박 느끼기

첫 박은 항상 '강박'입니다. 음을 들을 때 마음속으로 첫 박을 강하게 느낍니다. 이렇게 하면 마디의 시작이 분명해집니다.

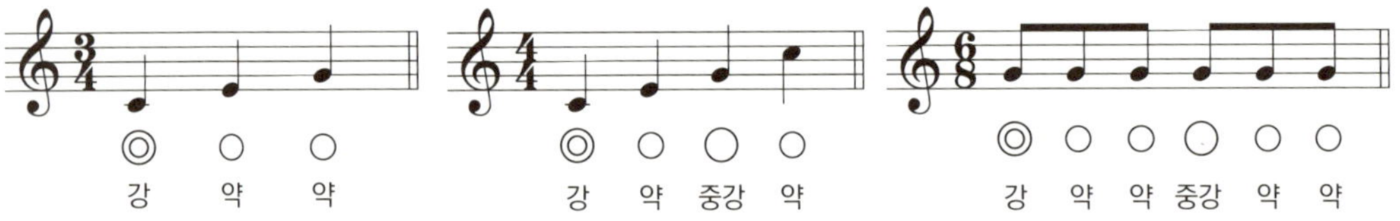

3. 첫 음만 불러보기

악보를 보고 전체 멜로디를 부르기 전에 첫 박에 해당하는 음만 짚어서 불러 보는 것도 첫 박을 듣는 데 도움이 됩니다.

다음 페이지부터 아래와 같이 첫 박에 빈칸이 있는 악보가 나옵니다. 음원을 들으며 첫 박을 적어보세요. 정답은 뒤 페이지에 있습니다. 정답 페이지는 시창으로 연습합니다.

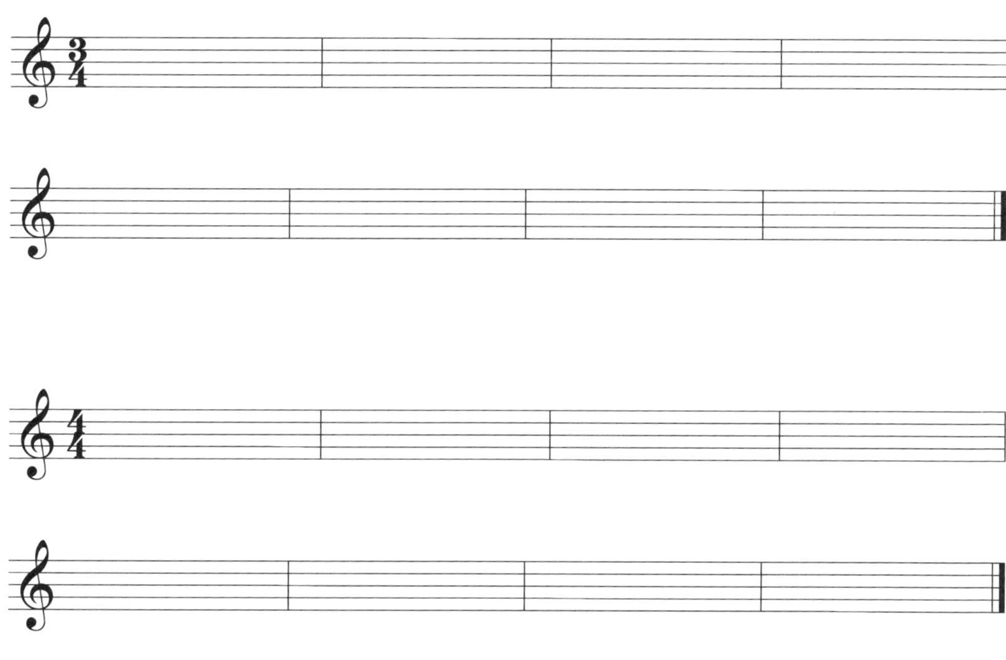

6/8박자는 2박 계통으로 6박을 둘로 나눠, 한마디에 첫 박 2개를 적어야 합니다.

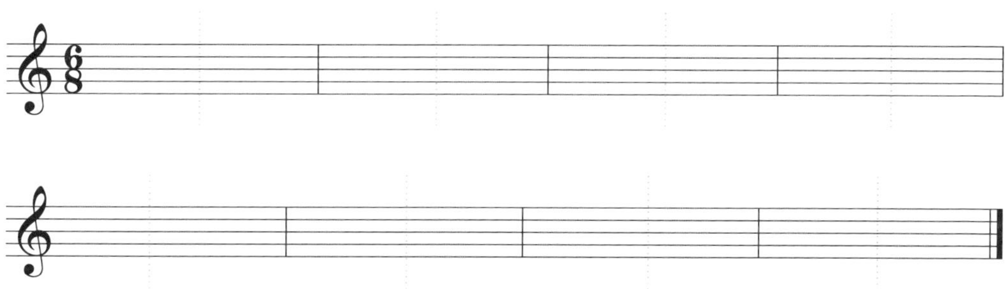

1. QR 코드에 접속하여 '1~8마디 전체 듣기' 음원을 들으며 첫 박의 음표를 적습니다.
정답은 뒤 페이지에 있습니다.

① 기초 시창과 청음

②

③

④

⑤

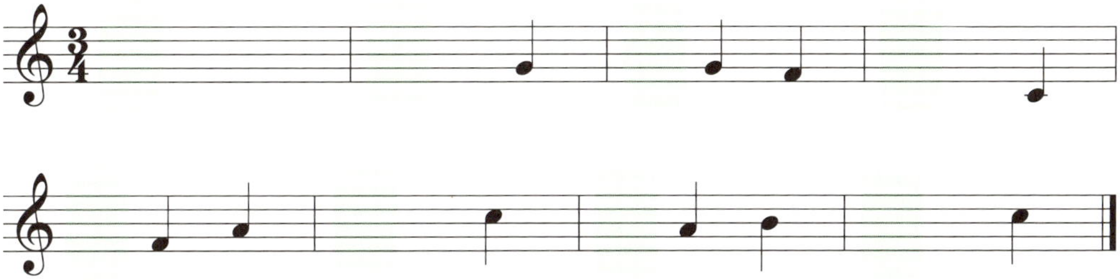

⑥

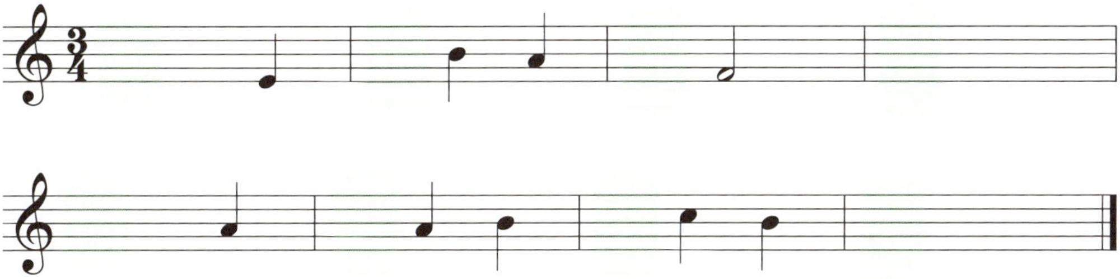

⑦

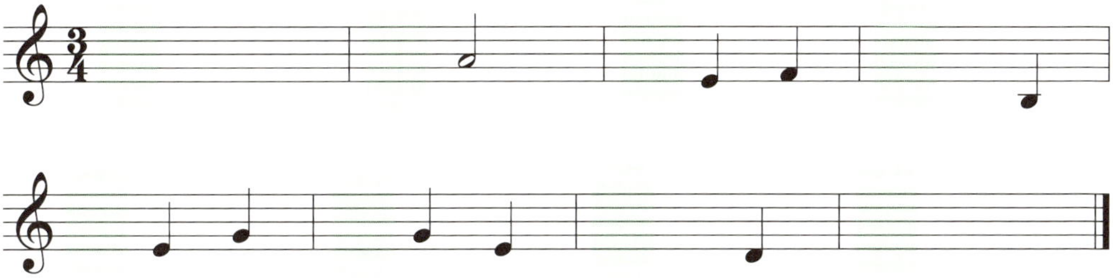

⑧

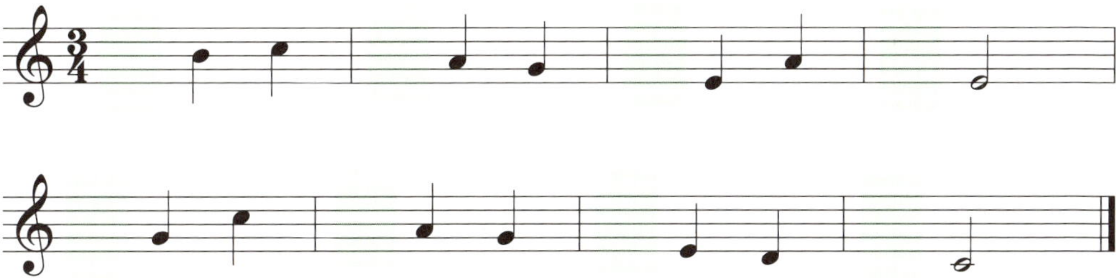

1. QR 코드에 접속하여 C Major Scale을 듣고, 메트로놈 72 (♩= 72) 빠르기로 시창합니다.

① 기초 시창과 청음

②

③

④

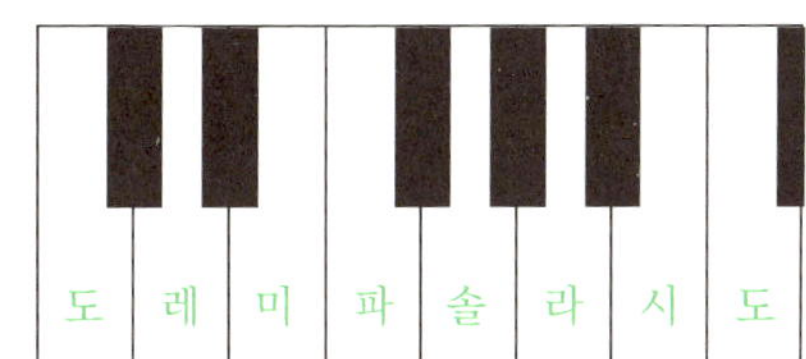

⑤

⑥

⑦

⑧

1. QR 코드에 접속하여 '1~8마디 전체 듣기' 음원을 들으며 첫 박의 음표를 적습니다.
정답은 뒤 페이지에 있습니다.

① 기초 시창과 청음

②

③

④

⑤

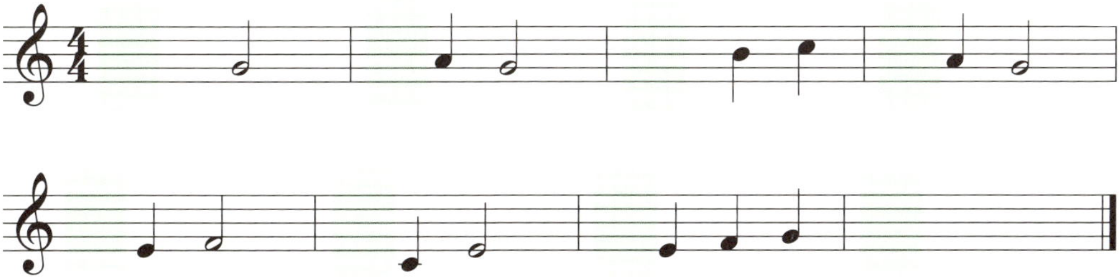

⑥

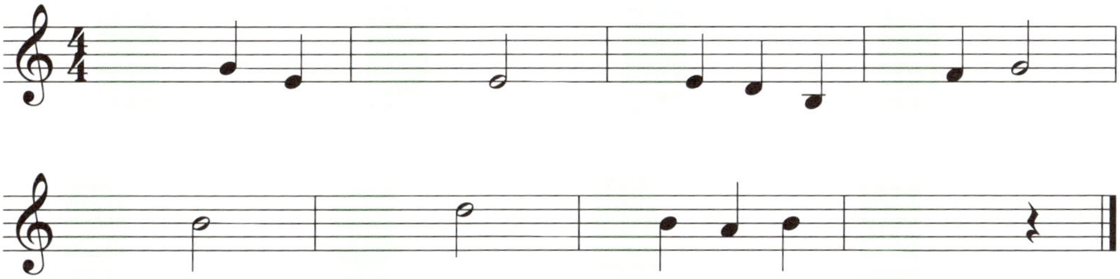

⑦

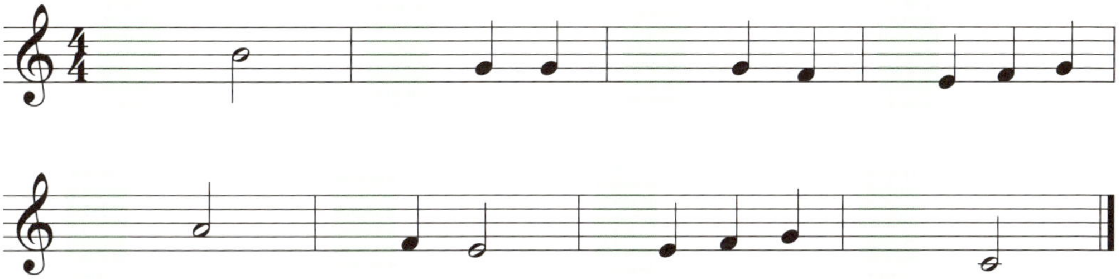

⑧

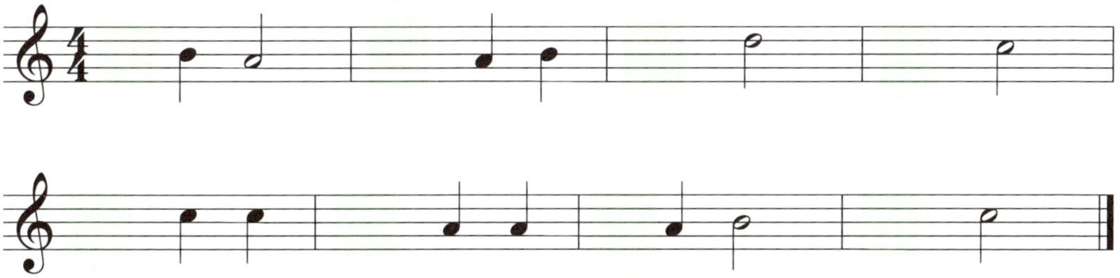

1. QR 코드에 접속하여 C Major Scale을 돕고, 메트로놈 72 (♩= 72) 빠르기로 시창합니다.

①

②

③

④

⑤

⑥

⑦

⑧

1. QR 코드에 접속하여 '1~8마디 전체 듣기' 음원을 들으며 첫 박의 음표를 적습니다.
   정답은 뒤 페이지에 있습니다.

⑤

⑥

⑦

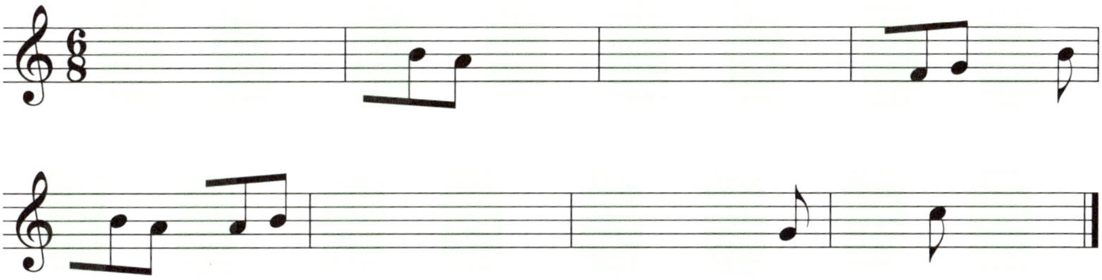

⑧

1. QR 코드에 접속하여 C Major Scale을 듣고, 메트로놈 ♪ = 108 빠르기로 시창합니다.

①

②

③

④

⑤

⑥

⑦

⑧

4

청음을 위한 주제와 변주

- 3/4 박자
- 4/4 박자
- 6/8 박자

청음을 위한 주제와 변주

첫 박을 적는 훈련이 잘 되었다면, 이제는 간단한 주제를 중심으로 연습하는 것이 효과적입니다. 먼저 제시된 기본 주제 선율을 귀로 익힙니다. 이어서 주제 선율을 변주한 악보를 시창 청음합니다. 이런 변주의 단계를 연습하면 복잡한 악보도 결국 단순한 주제에서 시작되었다는 것을 알게 되어 선율 자체를 기억하는 능력을 기를 뿐만 아니라, 리듬이 변할 때 생기는 긴장과 해소를 구별할 수 있습니다.

더 나아가 궁극적으로 주제를 바탕으로 스스로 멜로디와 리듬의 변형을 만들어 보는 응용력이 생기게 됩니다. 이번에 진행할 주제와 변주 연습은 청음의 기초를 탄탄하게 다지는 동시에 음악적 표현력을 넓혀 주는 과정입니다.

이번 파트의 연습 방법

1. 주제 확인

주제를 잘 듣습니다. 듣는 것에 익숙해지면 주제를 따라 부릅니다.

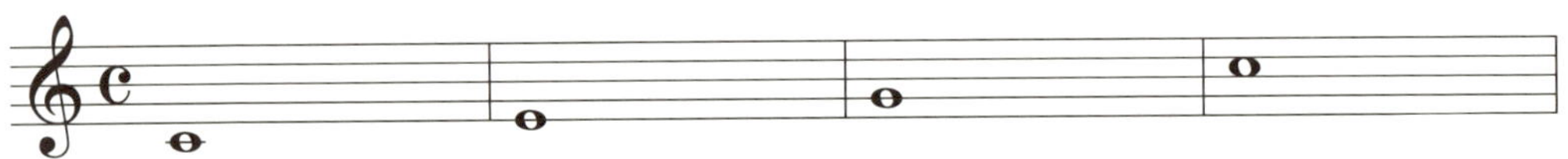

2. 변주 듣기

주제를 바탕으로 다양한 변주를 듣고 불러봅니다.

3. 비교 분석하기

주제와 비교하여 변주가 어디가 달라졌는지 박자는 어떻게 구성되었는지 분석해 봅니다.

주제 악보를 아래와 같은 리듬 패턴을 활용해 변주했습니다. 미리 리듬을 불러보세요.

1. QR 코드에 접속하여 주제를 반복해서 듣습니다.

   ①번 음원 : 전체 1~8마디(메트로놈), ②번 음원 : 마디를 나눠 연습(메트로놈), ③번 음원 : 메트로놈 없이 마디를 나눠 연습

2. 주제 악보를 여러 번 불러봅니다.
3. 변주 악보를 리듬 패턴의 변화에 주의하며 시창합니다.
4. 오선 노트를 펴고 QR 코드 음원을 들으며 청음합니다.

주제 1

①

②

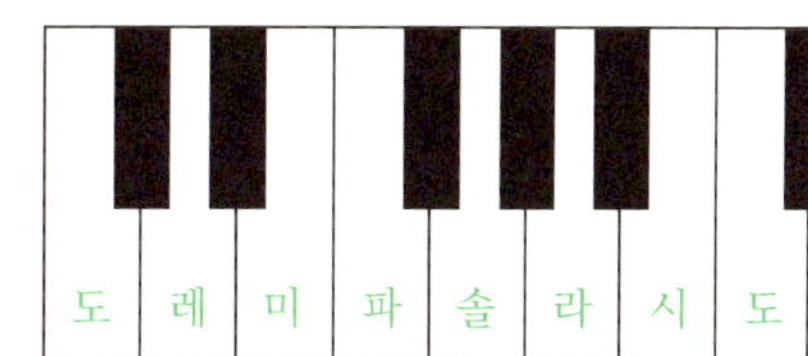

③

④

⑤

⑥

1. QR 코드에 접속하여 주제를 반복해서 듣습니다.
   ①번 음원 : 전체 1~8마디(메트로놈), ②번 음원 : 마디를 나눠 연습(메트로놈), ③번 음원 : 메트로놈 없이 마디를 나눠 연습

2. 주제 악보를 여러 번 불러봅니다.
3. 변주 악보를 리듬 패턴의 변화에 주의하며 시창합니다.
4. 오선 노트를 펴고 QR 코드 음원을 들으며 청음합니다.

주제 2

①

②

③

④

⑤

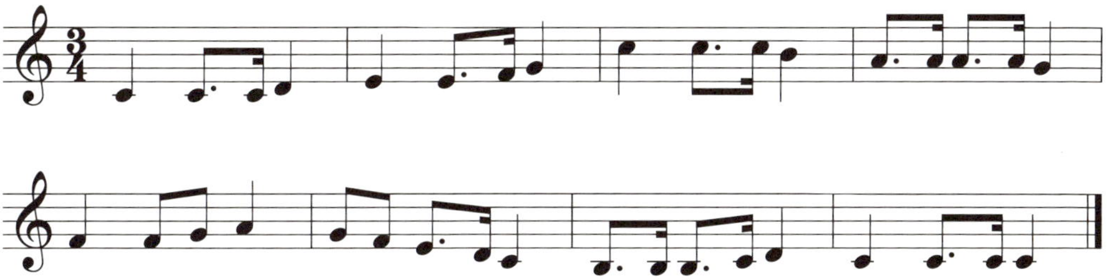

⑥

⑦
⑧
⑨
⑩
3
4
3
3
3
3
3
3
3
3
3
3
3
3

· Part04 청음을 위한 주제와 변주, 3/4박자

1. QR 코드에 접속하여 주제를 반복해서 듣습니다.
   ①번 음원 : 전체 1~8마디(메트로놈), ②번 음원 : 마디를 나눠 연습(메트로놈), ③번 음원 : 메트로놈 없이 마디를 나눠 연습

2. 주제 악보를 여러 번 불러봅니다.
3. 변주 악보를 리듬 패턴의 변화에 주의하며 시창합니다.
4. 오선 노트를 펴고 QR 코드 음원을 들으며 청음합니다.

주제 3

①

②

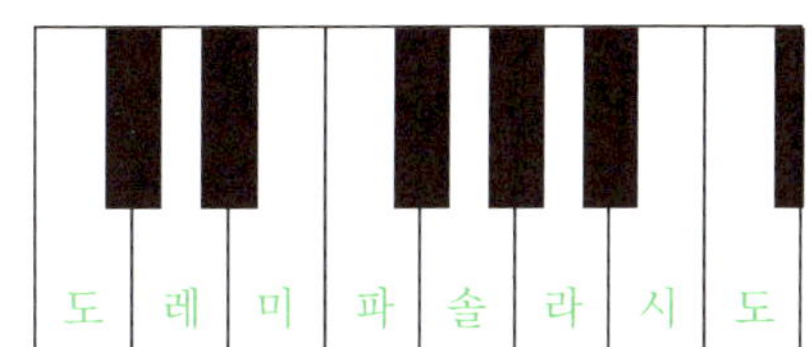

③

④

⑤

⑥

⑦
⑧
⑨
⑩

⑪
⑫

1. QR 코드에 접속하여 주제를 반복해서 듣습니다.

   ①번 음원 : 전체 1~8마디(메트로놈), ②번 음원 : 마디를 나눠 연습(메트로놈), ③번 음원 : 메트로놈 없이 마디를 나눠 연습

2. 주제 악보를 여러 번 불러봅니다.
3. 변주 악보를 리듬 패턴의 변화에 주의하며 시창합니다.
4. 오선 노트를 펴고 QR 코드 음원을 들으며 청음합니다.

주제 4

①

②

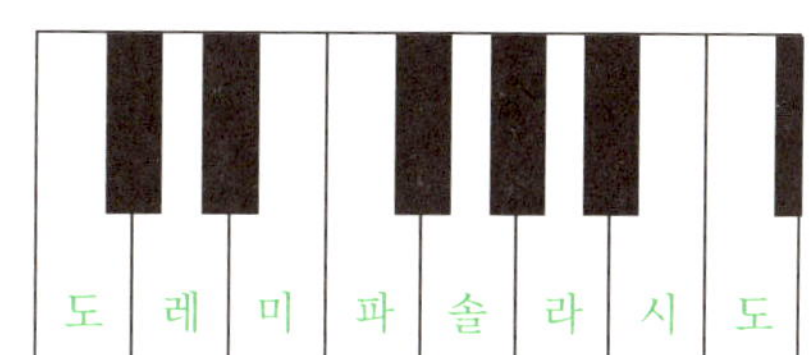

③

④

⑤

⑥

1. QR 코드에 접속하여 주제를 반복해서 듣습니다.
①번 음원 : 전체 1~8마디(메트로놈), ②번 음원 : 마디를 나눠 연습(메트로놈), ③번 음원 : 메트로놈 없이 마디를 나눠 연습

2. 주제 악보를 여러 번 불러봅니다.

3. 변주 악보를 리듬 패턴의 변화에 주의하며 시창합니다.

4. 오선 노트를 펴고 QR 코드 음원을 들으며 청음합니다.

주제 5

①

②

③

④

⑤

⑥

⑪
⑫

1. QR 코드에 접속하여 주제를 반복해서 듣습니다.
   ①번 음원 : 전체 1~8마디(메트로놈), ②번 음원 : 마디를 나눠 연습(메트로놈), ③번 음원 : 메트로놈 없이 마디를 나눠 연습

2. 주제 악보를 여러 번 불러봅니다.
3. 변주 악보를 리듬 패턴의 변화에 주의하며 시창합니다.
4. 오선 노트를 펴고 QR 코드 음원을 들으며 청음합니다.

주제 6

①

②

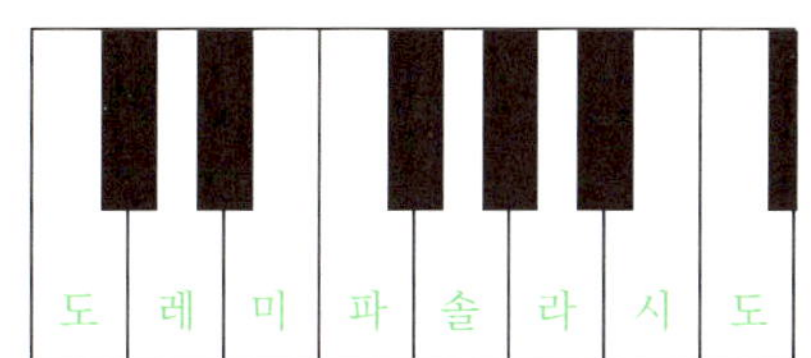

③

④

⑤

⑥

⑪
⑫

1.  QR 코드에 접속하여 주제를 반복해서 듣습니다.
   ①번 음원 : 전체 1~8마디(메트로놈), ②번 음원 : 마디를 나눠 연습(메트로놈), ③번 음원 : 메트로놈 없이 마디를 나눠 연습

2. 주제 악보를 여러 번 불러봅니다.

3. 변주 악보를 리듬 패턴의 변화에 주의하며 시창합니다.

4. 오선 노트를 펴고 QR 코드 음원을 들으며 청음합니다.

주제 7

①

②

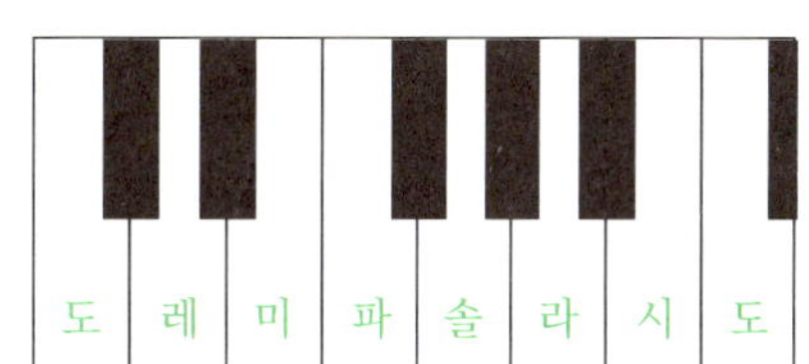

③

④

⑤

⑥

1. QR 코드에 접속하여 주제를 반복해서 듣습니다.
   ①번 음원 : 전체 1~8마디(메트로놈), ②번 음원 : 마디를 나눠 연습(메트로놈), ③번 음원 : 메트로놈 없이 마디를 나눠 연습

2. 주제 악보를 여러 번 불러봅니다.

3. 변주 악보를 리듬 패턴의 변화에 주의하며 시창합니다.

4. 오선 노트를 펴고 QR 코드 음원을 들으며 청음합니다.

주제 8

①

②

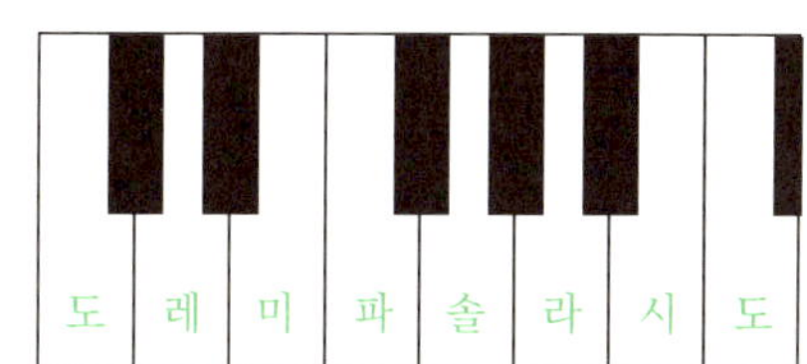

③

④

⑤

⑥

⑦
⑧
3
3
3
3
3
3
3
⑨
⑩

⑪

⑫

1. QR 코드에 접속하여 C Major scale을 듣습니다.

2. 문제 음원을 듣고 아래 오선지에 청음합니다.

①번 음원 : 전체 1~8마디(메트로놈)
②번 음원 : 마디를 나눠 연습(메트로놈)
③번 음원 : 메트로놈 없이 마디를 나눠 연습

문제 1

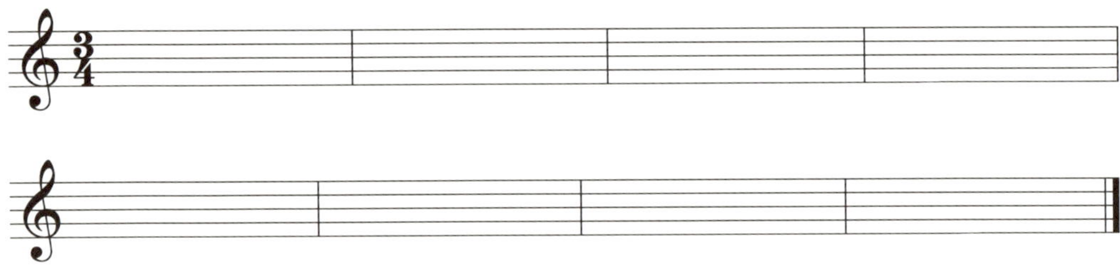

문제 2

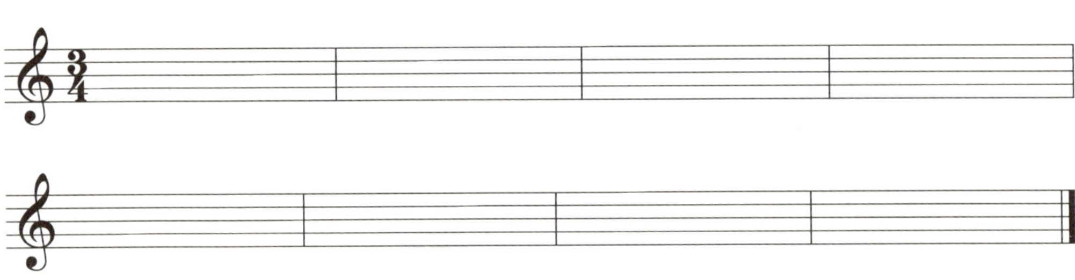

문제 3

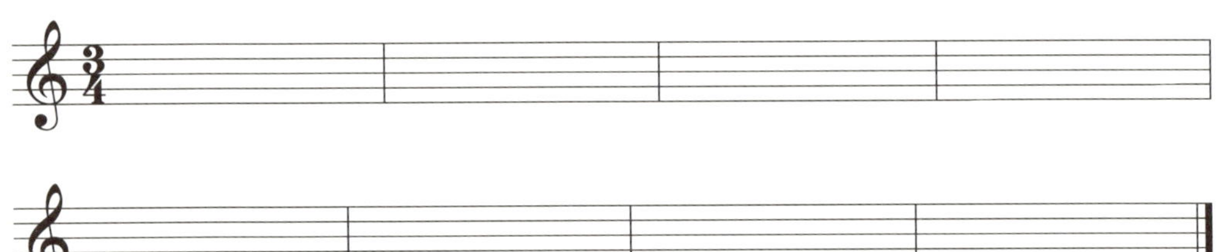

문제 4

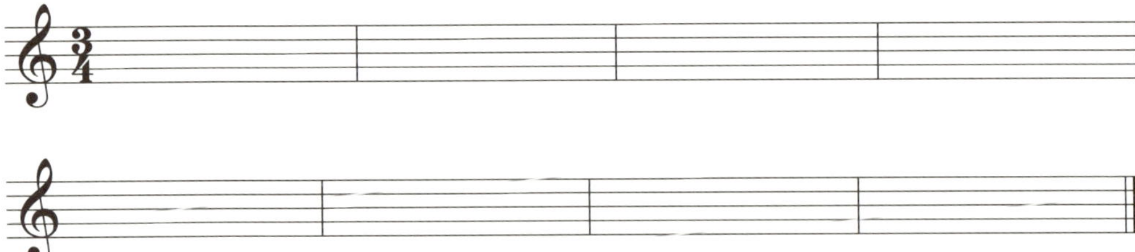

* 정답은 p174에 있습니다.

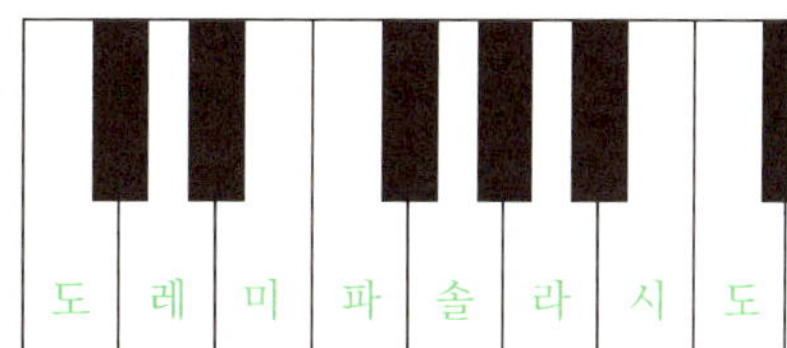

문제 5

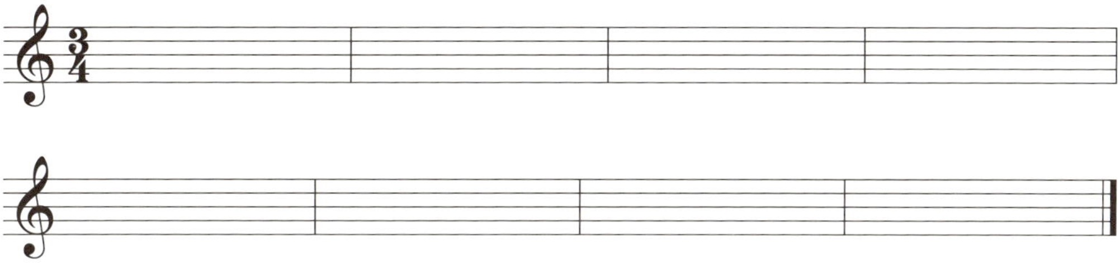

문제 6

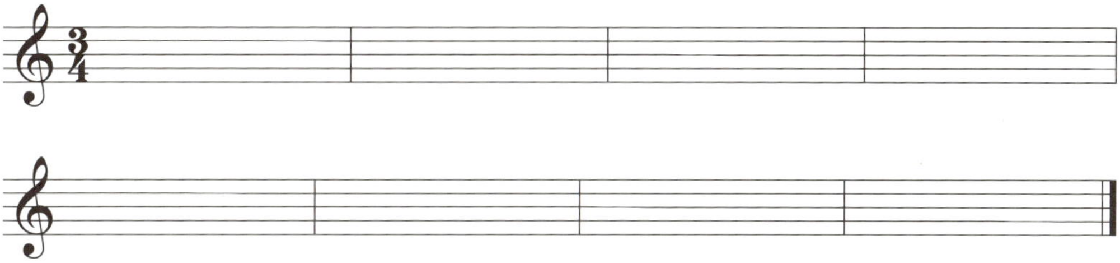

문제 7

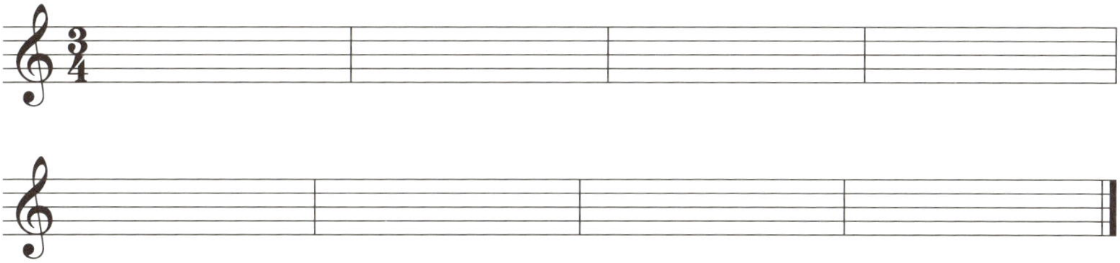

문제 8

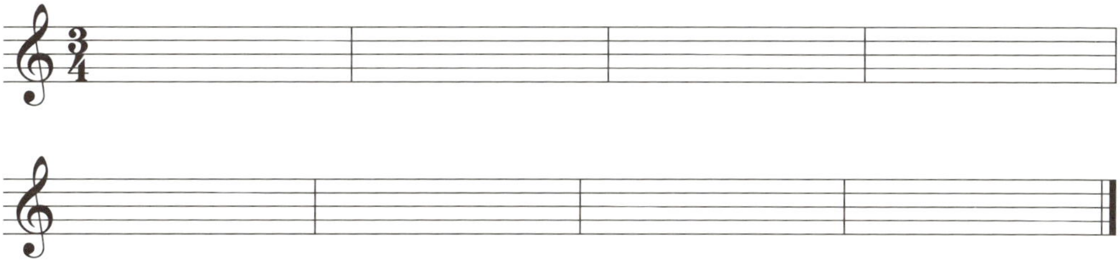

1. QR 코드에 접속하여 주제를 반복해서 듣습니다.
   ①번 음원 : 전체 1~8마디(메트로놈), ②번 음원 : 마디를 나눠 연습(메트로놈), ③번 음원 : 메트로놈 없이 마디를 나눠 연습

2. 주제 악보를 여러 번 불러봅니다.

3. 변주 악보를 리듬 패턴의 변화에 주의하며 시창합니다.

4. 오선 노트를 펴고 QR 코드 음원을 들으며 청음합니다.

주제 1

①

②

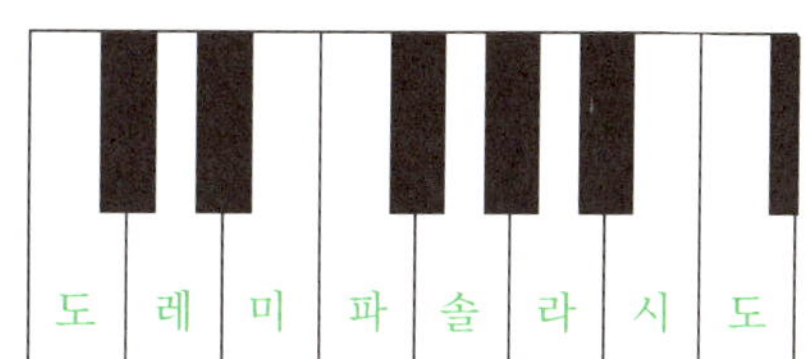

③

④

⑤

⑥

1. QR 코드에 접속하여 주제를 반복해서 듣습니다.

①번 음원 : 전체 1~8마디(메트로놈), ②번 음원 : 마디를 나눠 연습(메트로놈), ③번 음원 : 메트로놈 없이 마디를 나눠 연습

2. 주제 악보를 여러 번 불러봅니다.

3. 변주 악보를 리듬 패턴의 변화에 주의하며 시창합니다.

4. 오선 노트를 펴고 QR 코드 음원을 들으며 청음합니다.

주제 2

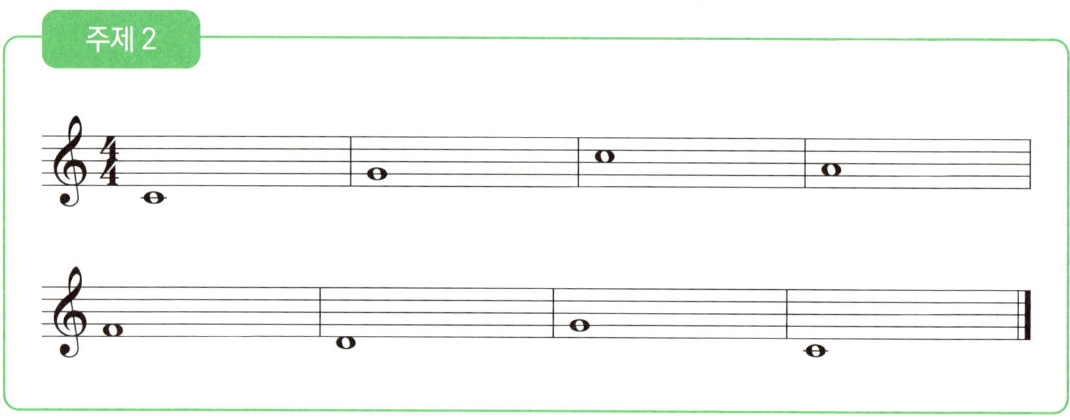

①

②

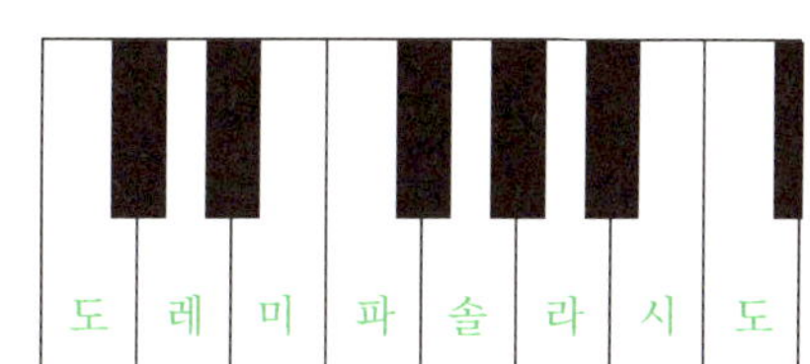

③

④

⑤

⑥

⑦
⑧
3
3
3
3
3
3
⑨
⑩

⑪
⑫

1. QR 코드에 접속하여 주제를 반복해서 듣습니다.

①번 음원 : 전체 1~8마디(메트로놈), ②번 음원 : 마디를 나눠 연습(메트로놈), ③번 음원 : 메트로놈 없이 마디를 나눠 연습

2. 주제 악보를 여러 번 불러봅니다.
3. 변주 악보를 리듬 패턴의 변화에 주의하며 시창합니다.
4. 오선 노트를 펴고 QR 코드 음원을 들으며 청음합니다.

주제 3

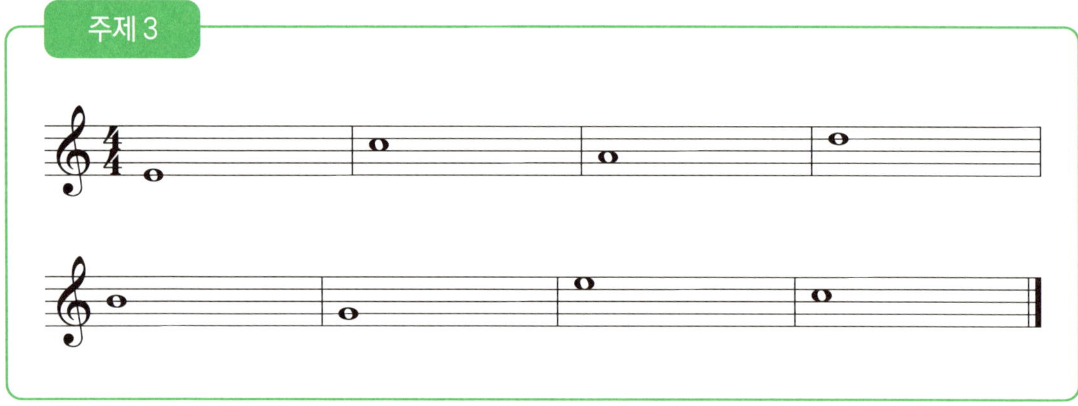

①

②

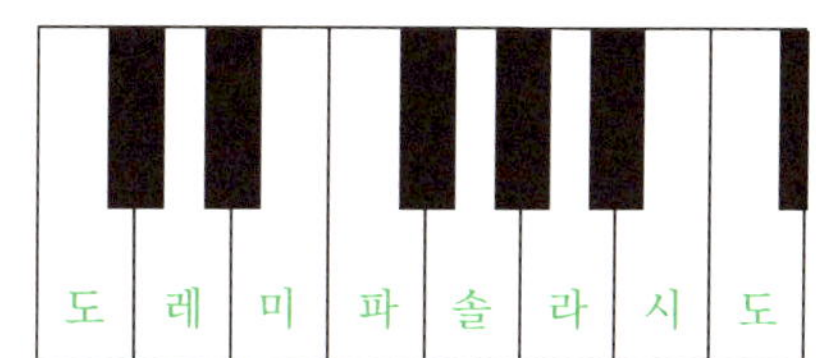

③

④

⑤

⑥

⑦
⑧
⑨
⑩

⑪
⑫

1.   QR 코드에 접속하여 주제를 반복해서 듣습니다.
①번 음원 : 전체 1~8마디(메트로놈), ②번 음원 : 마디를 나눠 연습(메트로놈), ③번 음원 : 메트로놈 없이 마디를 나눠 연습

2. 주제 악보를 여러 번 불러봅니다.
3. 변주 악보를 리듬 패턴의 변화에 주의하며 시창합니다.
4. 오선 노트를 펴고 QR 코드 음원을 들으며 청음합니다.

주제 4

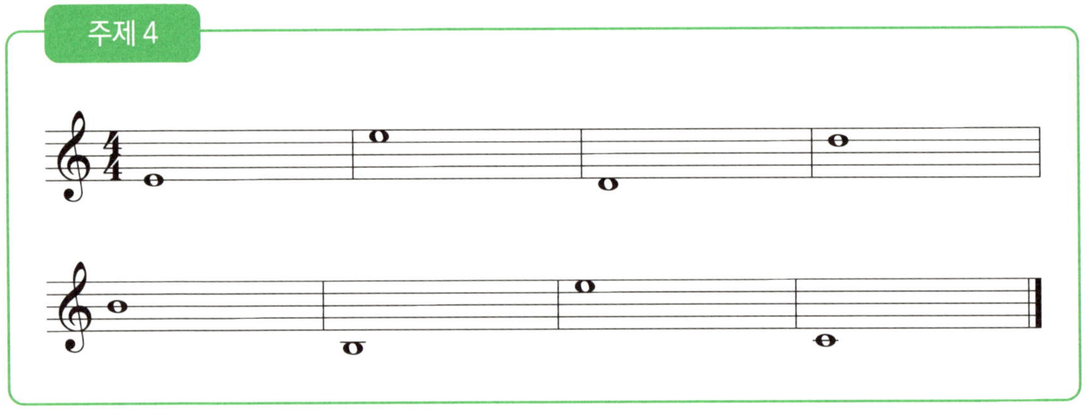

①

②

③

④

⑤

⑥

1. QR 코드에 접속하여 주제를 반복해서 듣습니다.
   ①번 음원 : 전체 1~8마디(메트로놈), ②번 음원 : 마디를 나눠 연습(메트로놈), ③번 음원 : 메트로놈 없이 마디를 나눠 연습

2. 주제 악보를 여러 번 불러봅니다.

3. 변주 악보를 리듬 패턴의 변화에 주의하며 시창합니다.

4. 오선 노트를 펴고 QR 코드 음원을 들으며 청음합니다.

주제 5

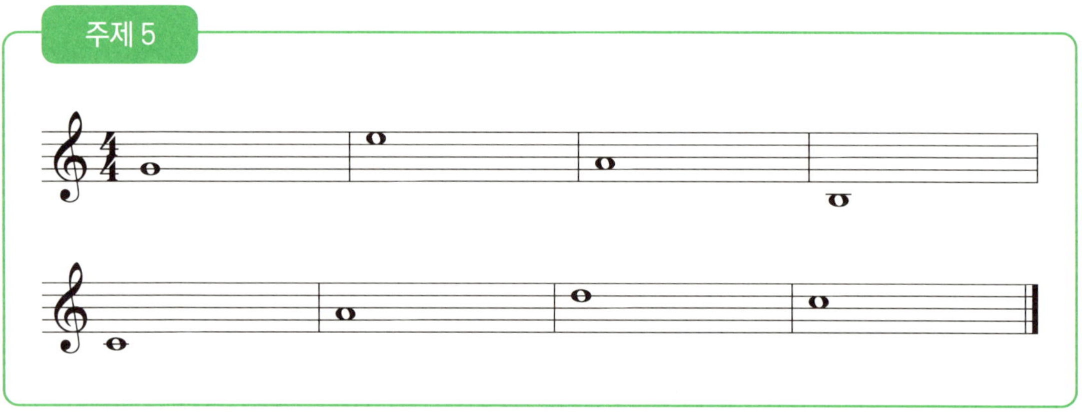

①

②

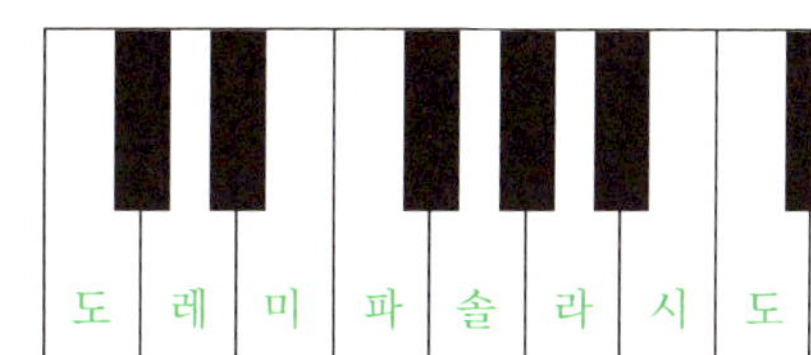

③

④

⑤

⑥

⑪
⑫

1. QR 코드에 접속하여 주제를 반복해서 듣습니다.
   ①번 음원 : 전체 1~8마디(메트로놈), ②번 음원 : 마디를 나눠 연습(메트로놈), ③번 음원 : 메트로놈 없이 마디를 나눠 연습

2. 주제 악보를 여러 번 불러봅니다.

3. 변주 악보를 리듬 패턴의 변화에 주의하며 시창합니다.

4. 오선 노트를 펴고 QR 코드 음원을 들으며 청음합니다.

주제 6

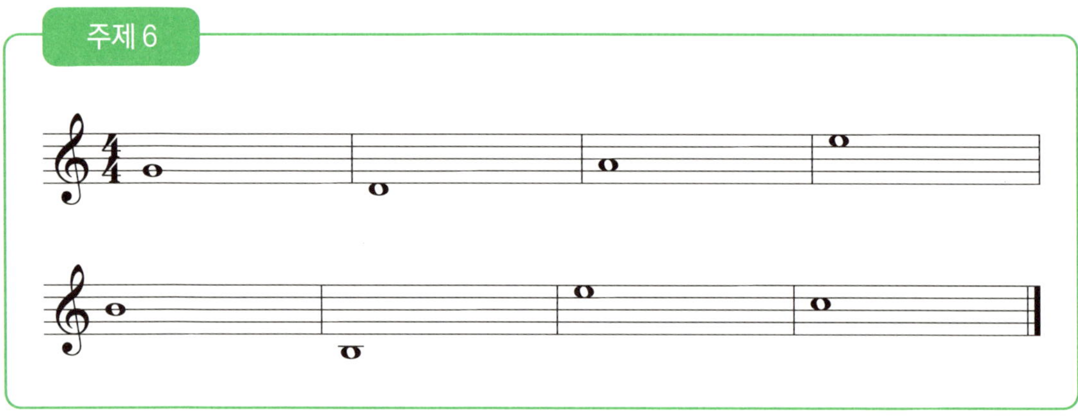

①

②

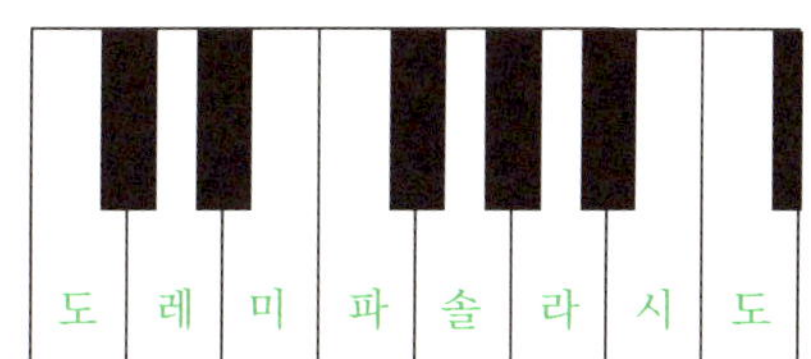

③

④

⑤

⑥

1. QR 코드에 접속하여 주제를 반복해서 듣습니다.

   ①번 음원 : 전체 1~8마디(메트로놈), ②번 음원 : 마디를 나눠 연습(메트로놈), ③번 음원 : 메트로놈 없이 마디를 나눠 연습

2. 주제 악보를 여러 번 불러봅니다.
3. 변주 악보를 리듬 패턴의 변화에 주의하며 시창합니다.
4. 오선 노트를 펴고 QR 코드 음원을 들으며 청음합니다.

주제 7

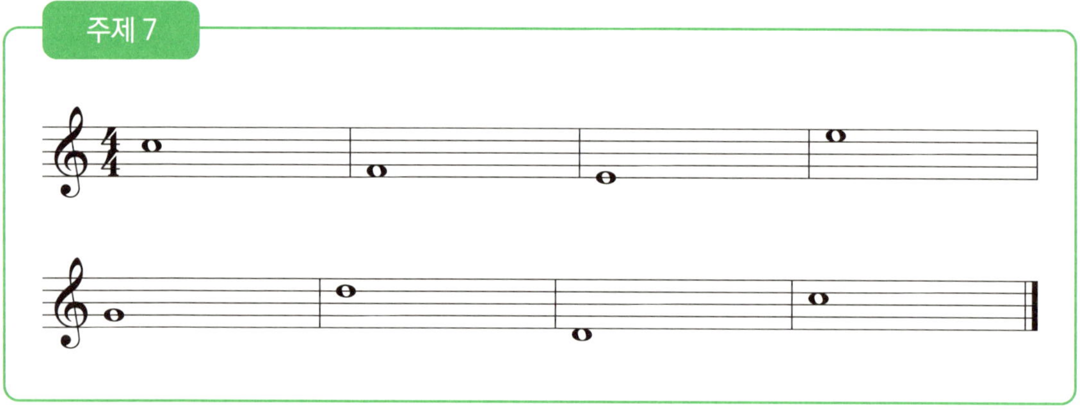

①

②

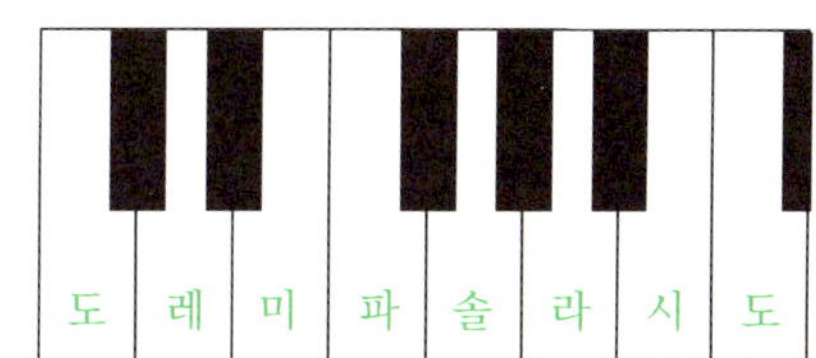

③

④

⑤

⑥

· Part04　청음을 위한 주제와 변주, 4/4박자

1. QR 코드에 접속하여 주제를 반복해서 듣습니다.
   ①번 음원 : 전체 1~8마디(메트로놈), ②번 음원 : 마디를 나눠 연습(메트로놈), ③번 음원 : 메트로놈 없이 마디를 나눠 연습
2. 주제 악보를 여러 번 불러봅니다.
3. 변주 악보를 리듬 패턴의 변화에 주의하며 시창합니다.
4. 오선 노트를 펴고 QR 코드 음원을 들으며 청음합니다.

주제 8

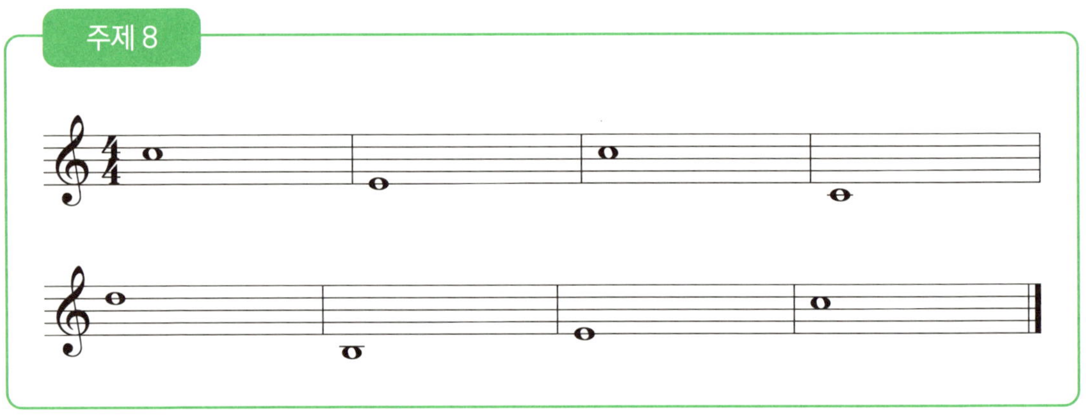

①

②

③

④

⑤

⑥

⑪
⑫
3
3
3
3

1. QR 코드에 접속하여 C Major scale을 듣습니다.
2. 문제 음원을 듣고 아래 오선지에 청음합니다.

①번 음원 : 전체 1~8마디(메트로놈)
②번 음원 : 마디를 나눠 연습(메트로놈)
③번 음원 : 메트로놈 없이 마디를 나눠 연습

문제 1

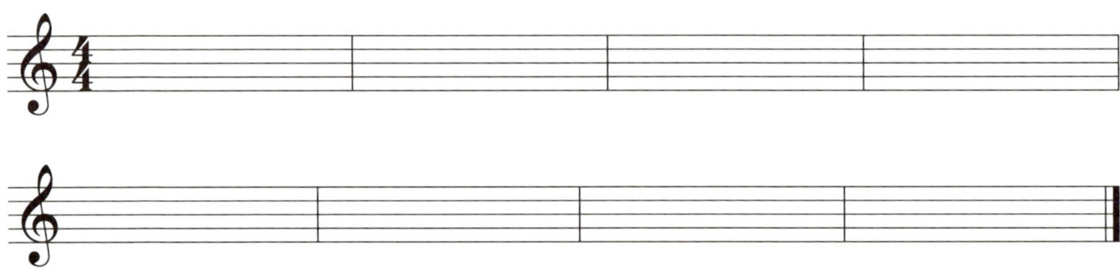

문제 2

문제 3

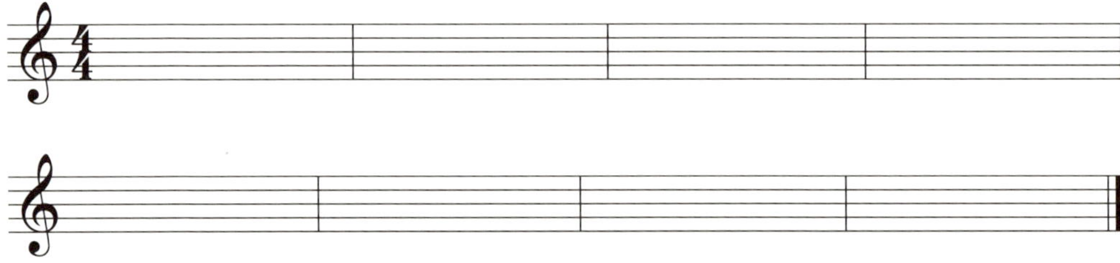

문제 4

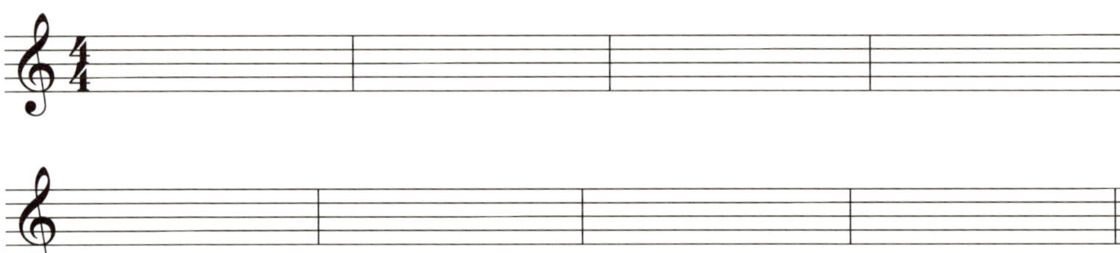

* 정답은 p176에 있습니다.

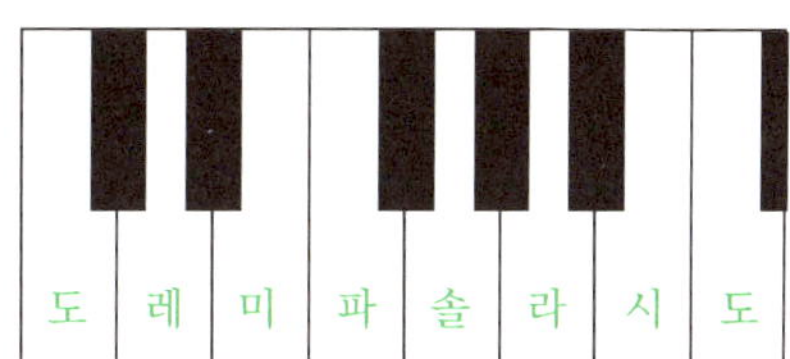

문제 5

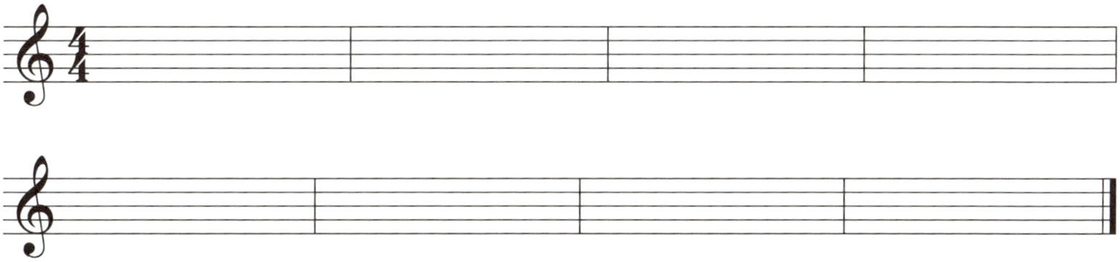

문제 6

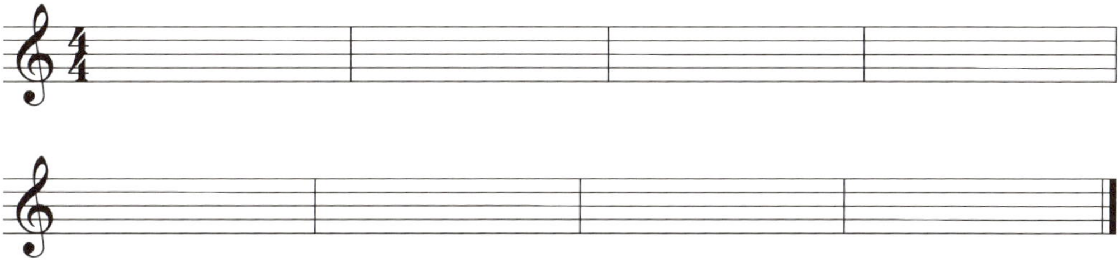

문제 7

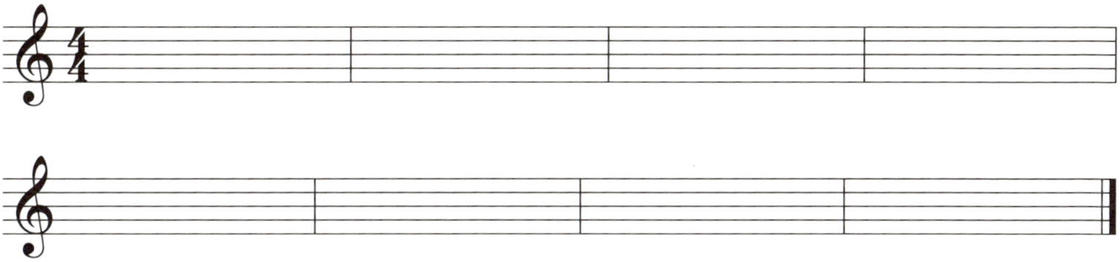

문제 8

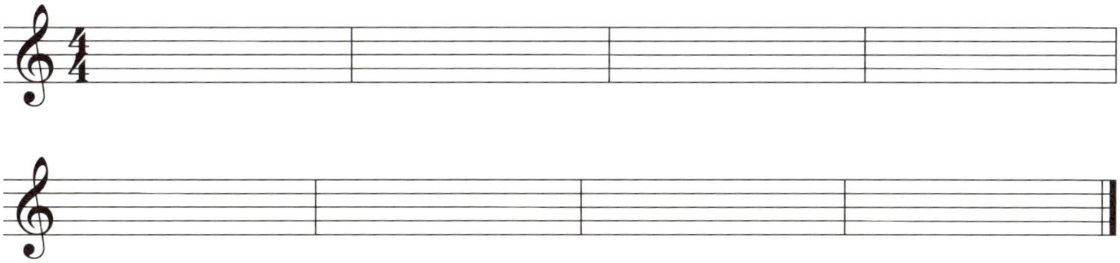

1. QR 코드에 접속하여 주제를 반복해서 듣습니다.
2. 주제 악보를 여러 번 불러봅니다.
3. 변주 악보를 리듬 패턴의 변화에 주의하며 시창합니다.
4. 오선 노트를 펴고 QR 코드 음원을 들으며 청음합니다.

①번 음원 : 전체 1~8마디(메트로놈)
②번 음원 : 마디를 나눠 연습(메트로놈)
③번 음원 : 메트로놈 없이 마디를 나눠 연습

주제 1

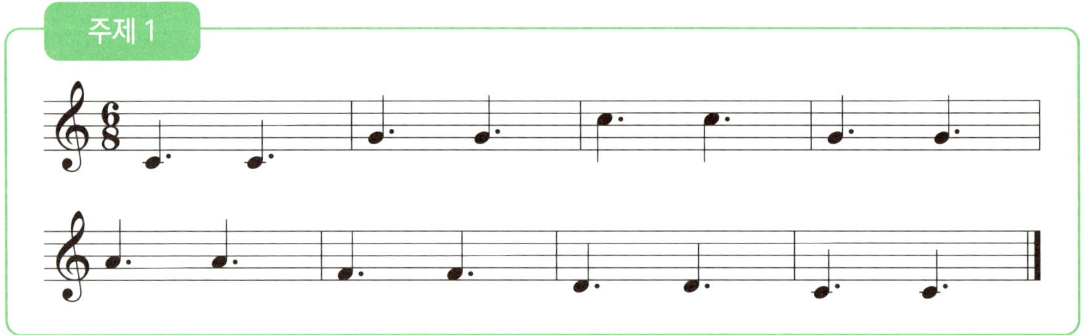

①

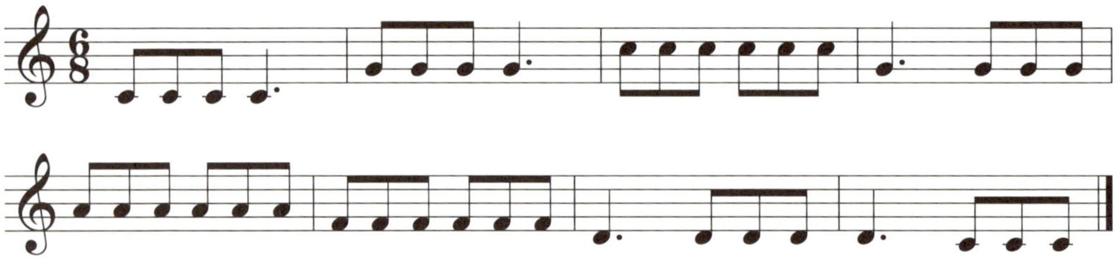

②

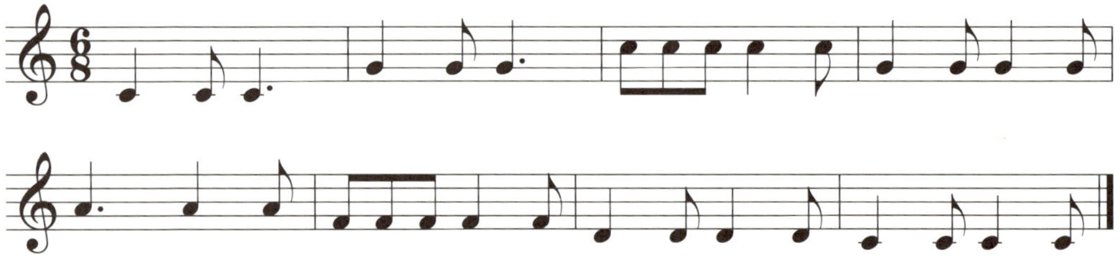

③

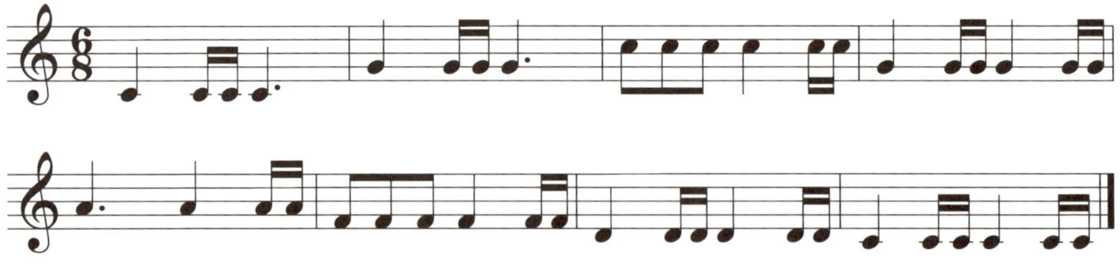

6/8박자 리듬 패턴
① ② ③ ④
⑤ ⑥ ⑦
도 레 미 파 솔 라 시 도
④
⑤
⑥
⑦

1. QR 코드에 접속하여 주제를 반복해서 듣습니다.

2. 주제 악보를 여러 번 불러봅니다.

3. 변주 악보를 리듬 패턴의 변화에 주의하며 시창합니다.

4. 오선 노트를 펴고 QR 코드 음원을 들으며 청음합니다.

①번 음원 : 전체 1~8마디(메트로놈)
②번 음원 : 마디를 나눠 연습(메트로놈)
③번 음원 : 메트로놈 없이 마디를 나눠 연습

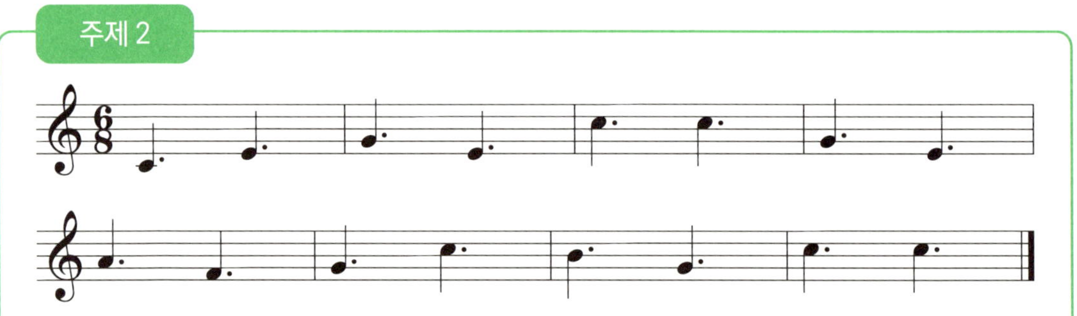

①

②

③

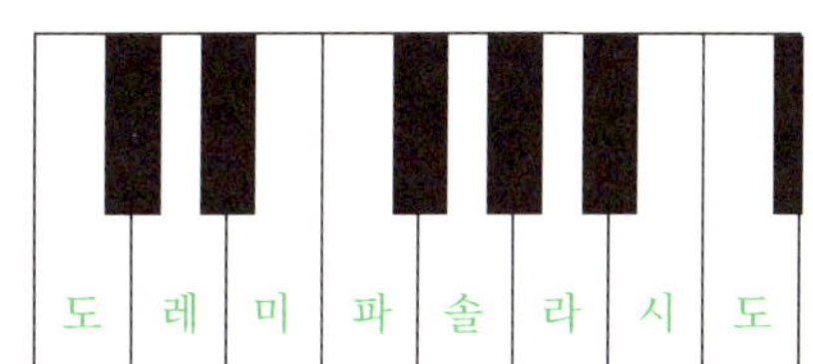

도 레 미 파 솔 라 시 도

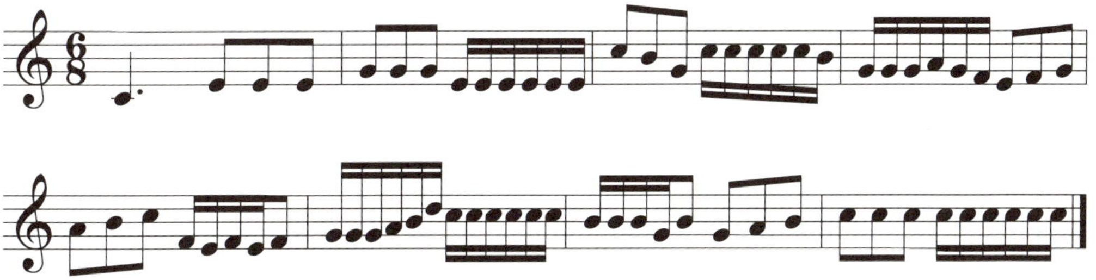

· Part04 청음을 위한 주제와 변주, 6/8박자

1. QR 코드에 접속하여 주제를 반복해서 듣습니다.
2. 주제 악보를 여러 번 불러봅니다.
3. 변주 악보를 리듬 패턴의 변화에 주의하며 시창합니다.
4. 오선 노트를 펴고 QR 코드 음원을 들으며 청음합니다.

①번 음원 : 전체 1~8마디(메트로놈)
②번 음원 : 마디를 나눠 연습(메트로놈)
③번 음원 : 메트로놈 없이 마디를 나눠 연습

①

②

③

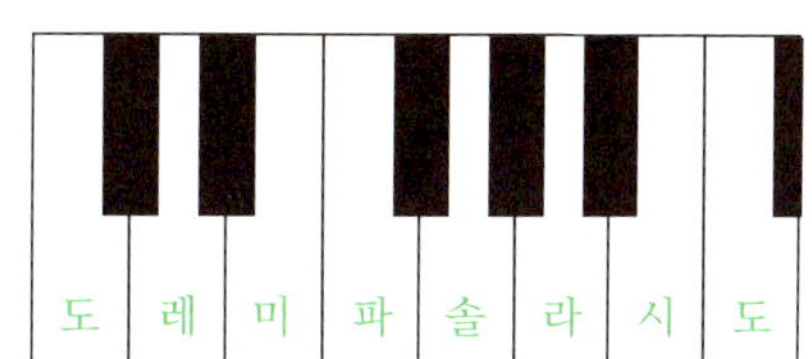

④

⑤

⑥

⑦

1. QR 코드에 접속하여 주제를 반복해서 듣습니다.
2. 주제 악보를 여러 번 불러봅니다.
3. 변주 악보를 리듬 패턴의 변화에 주의하며 시창합니다.
4. 오선 노트를 펴고 QR 코드 음원을 들으며 청음합니다.

①번 음원 : 전체 1~8마디(메트로놈)
②번 음원 : 마디를 나눠 연습(메트로놈)
③번 음원 : 메트로놈 없이 마디를 나눠 연습

주제 4

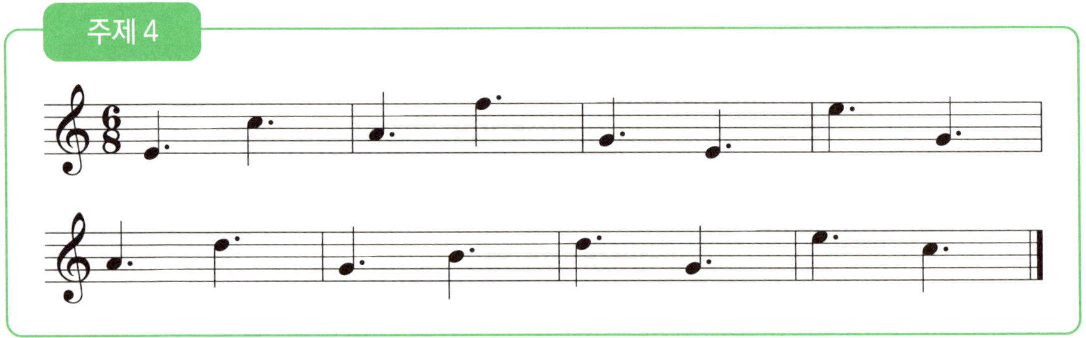

①

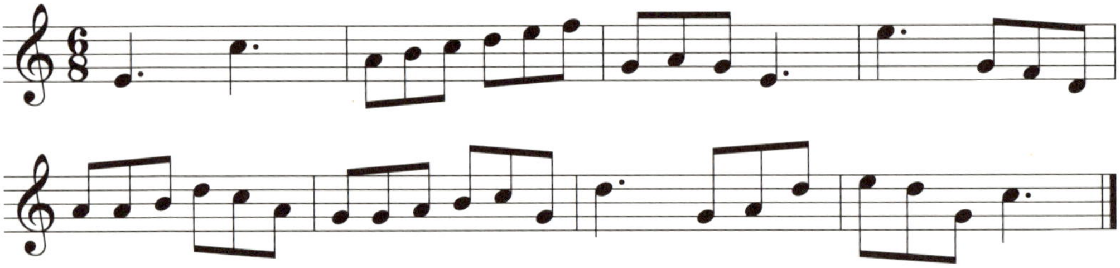

②

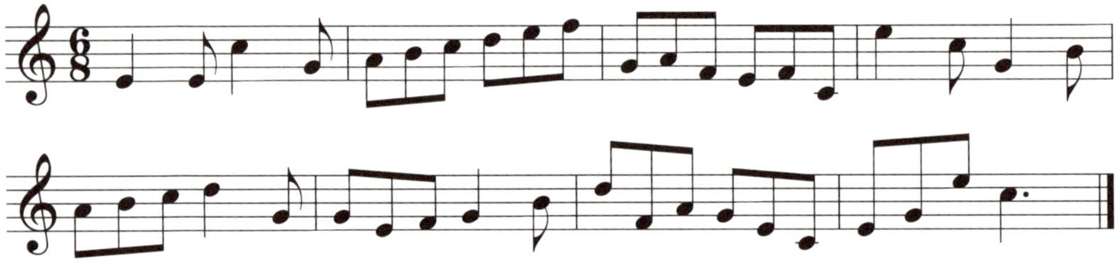

③

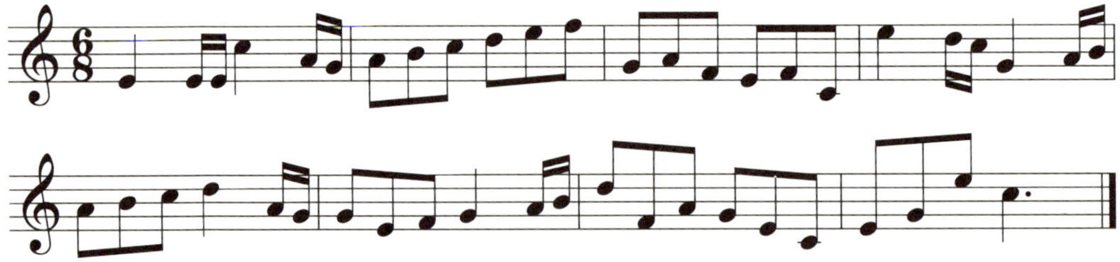

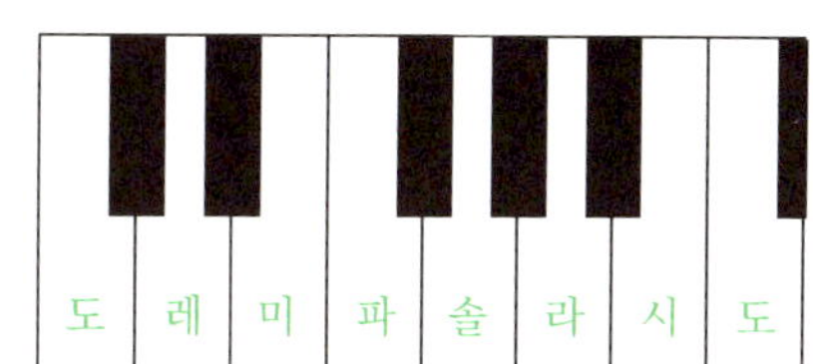

④

⑤

⑥

⑦

1. QR 코드에 접속하여 주제를 반복해서 듣습니다.
2. 주제 악보를 여러 번 불러봅니다.
3. 변주 악보를 리듬 패턴의 변화에 주의하며 시창합니다.
4. 오선 노트를 펴고 QR 코드 음원을 들으며 청음합니다.

①번 음원 : 전체 1~8마디(메트로놈)
②번 음원 : 마디를 나눠 연습(메트로놈)
③번 음원 : 메트로놈 없이 마디를 나눠 연습

주제 5

①

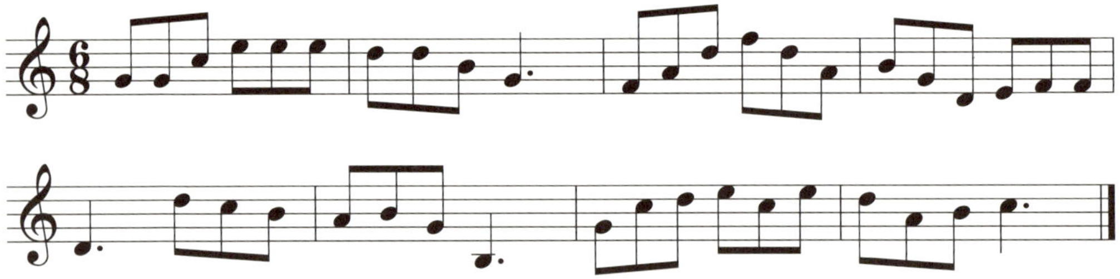

②

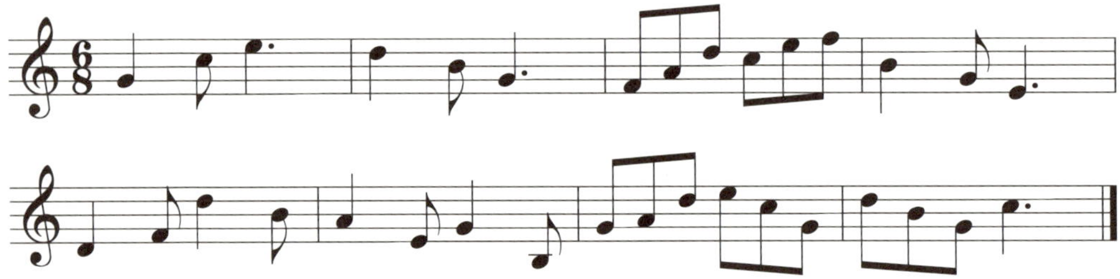

③

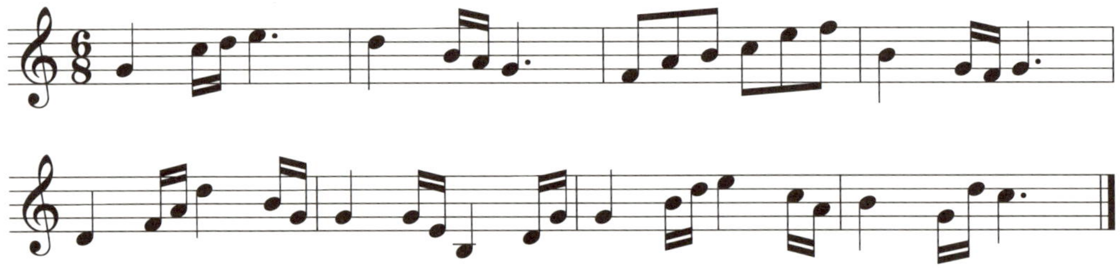

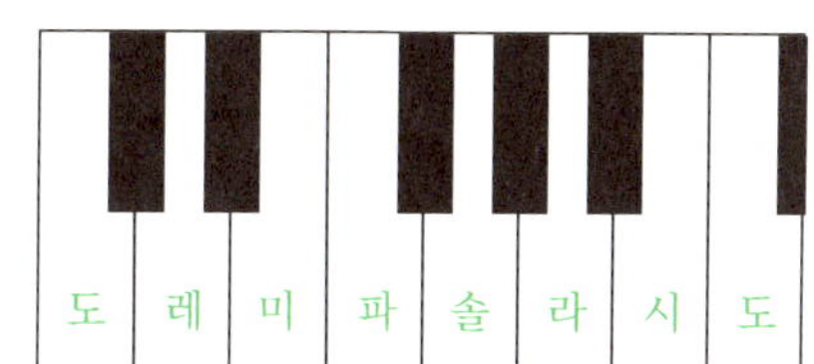

④

⑤

⑥

⑦

1. QR 코드에 접속하여 주제를 반복해서 듣습니다.
2. 주제 악보를 여러 번 불러봅니다.
3. 변주 악보를 리듬 패턴의 변화에 주의하며 시창합니다.
4. 오선 노트를 펴고 QR 코드 음원을 들으며 청음합니다.

①번 음원 : 전체 1~8마디(메트로놈)
②번 음원 : 마디를 나눠 연습(메트로놈)
③번 음원 : 메트로놈 없이 마디를 나눠 연습

주제 6

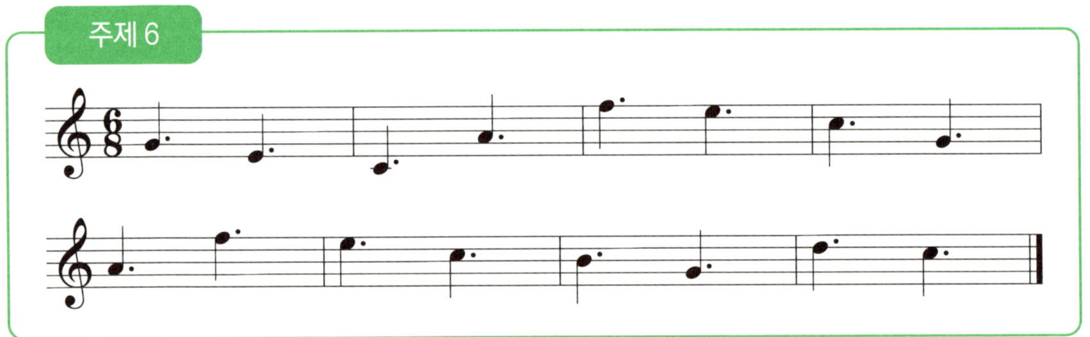

①

②

③

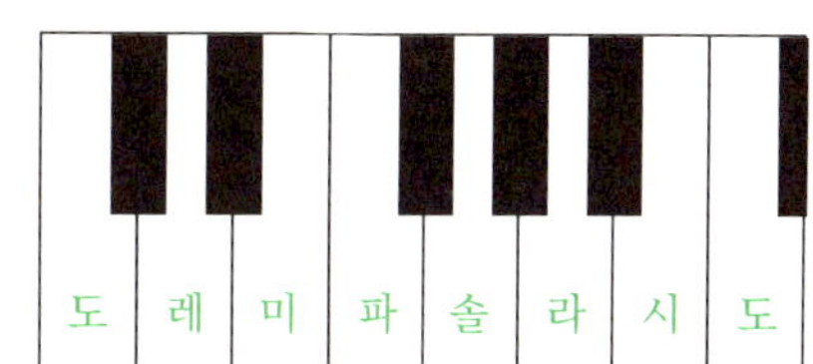

④

⑤

⑥

⑦

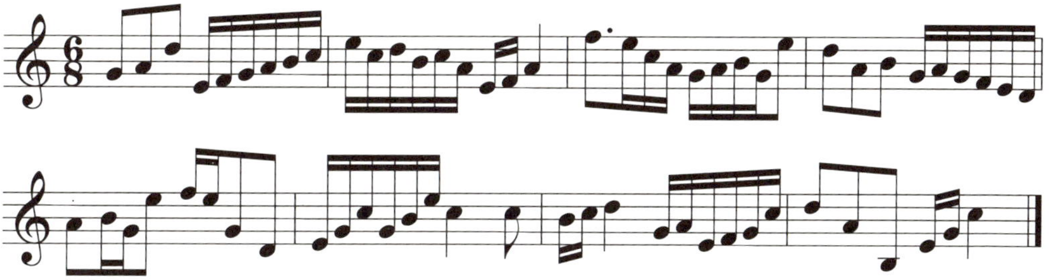

1. QR 코드에 접속하여 주제를 반복해서 듣습니다.
2. 주제 악보를 여러 번 불러봅니다.
3. 변주 악보를 리듬 패턴의 변화에 주의하며 시창합니다.
4. 오선 노트를 펴고 QR 코드 음원을 들으며 청음합니다.

①번 음원 : 전체 1~8마디(메트로놈)
②번 음원 : 마디를 나눠 연습(메트로놈)
③번 음원 : 메트로놈 없이 마디를 나눠 연습

주제 7

①

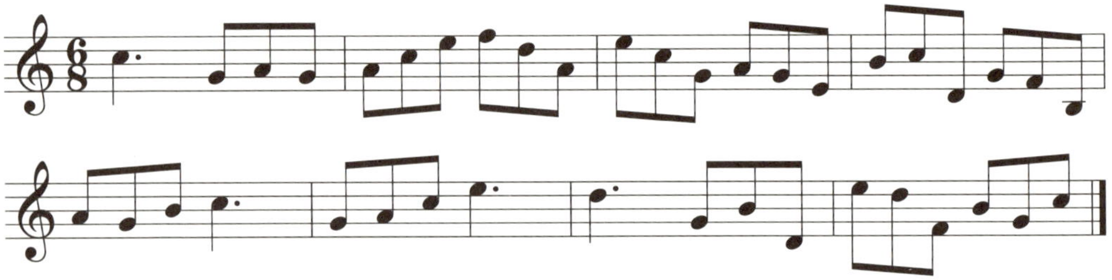

②

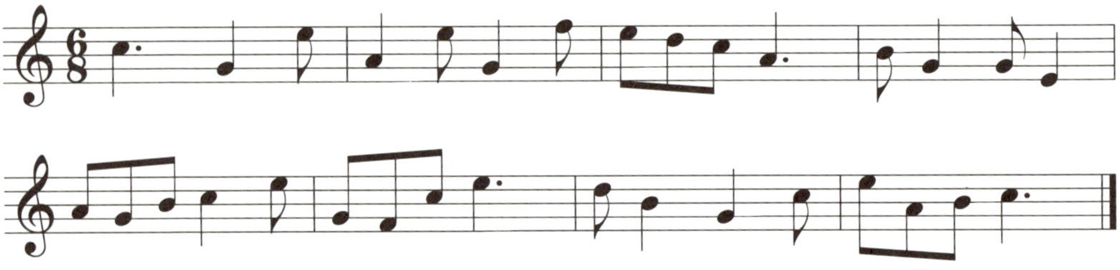

③

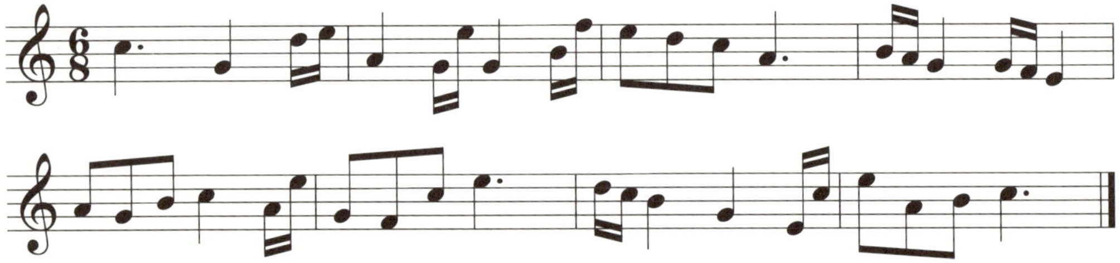

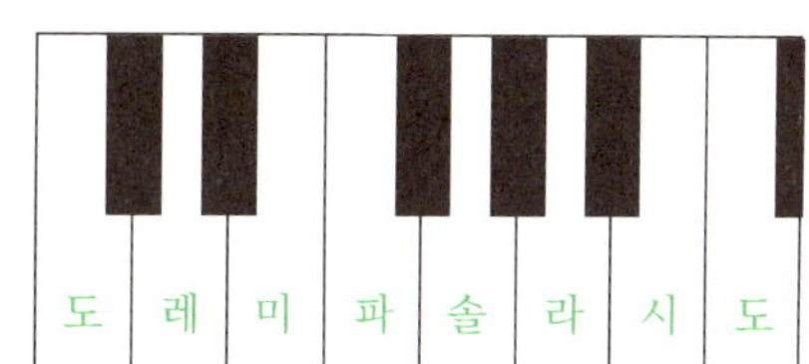

④

⑤

⑥

⑦

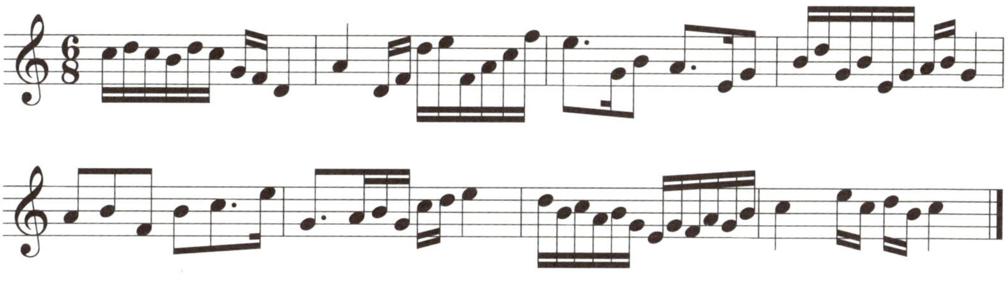

1. QR 코드에 접속하여 주제를 반복해서 듣습니다.
2. 주제 악보를 여러 번 불러봅니다.
3. 변주 악보를 리듬 패턴의 변화에 주의하며 시창합니다.
4. 오선 노트를 펴고 QR 코드 음원을 들으며 청음합니다.

①번 음원 : 전체 1~8마디(메트로놈)
②번 음원 : 마디를 나눠 연습(메트로놈)
③번 음원 : 메트로놈 없이 마디를 나눠 연습

주제 8

①

②

③

④

⑤

⑥

⑦

1. QR 코드에 접속하여 C Major scale을 듣습니다.

2. 문제 음원을 듣고 아래 오선지에 청음합니다.

①번 음원 : 전체 1~8마디(메트로놈)
②번 음원 : 마디를 나눠 연습(메트로놈)
③번 음원 : 메트로놈 없이 마디를 나눠 연습

문제 1

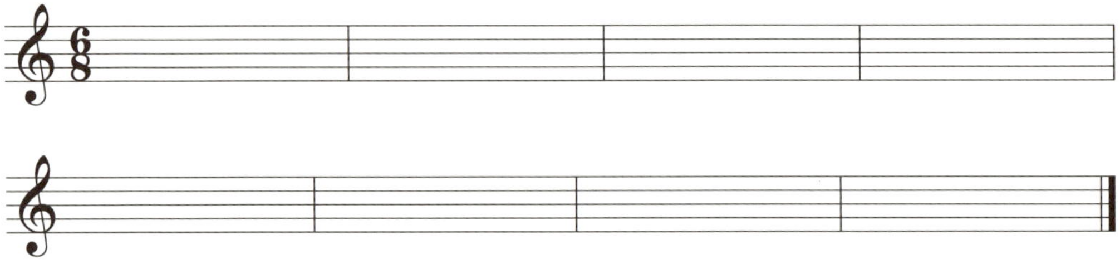

문제 2

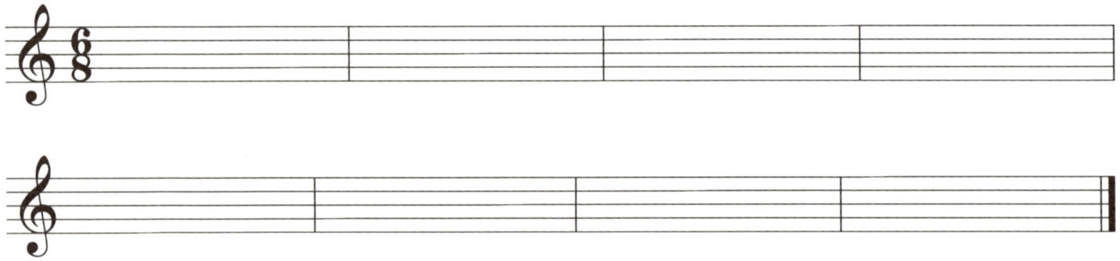

문제 3

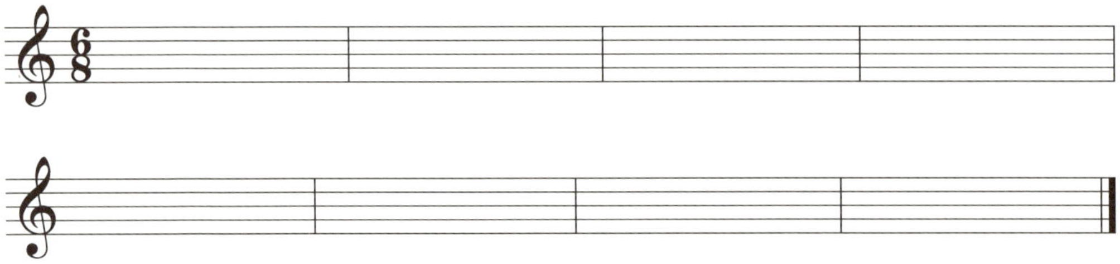

문제 4

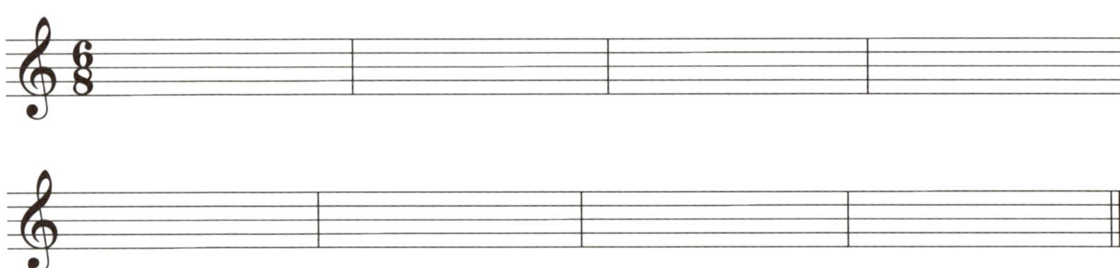

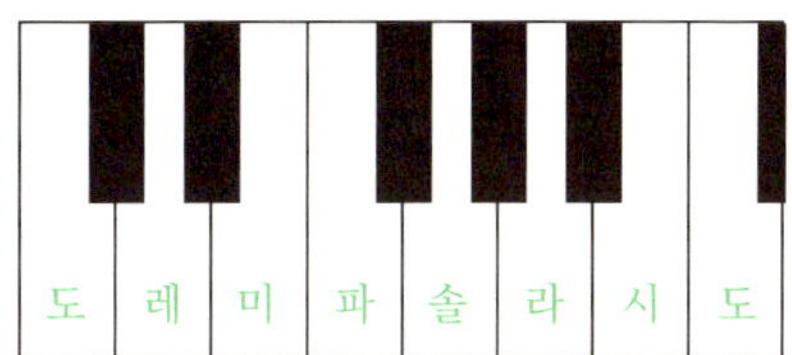

* 정답은 p178에 있습니다.

문제 5

문제 6

문제 7

문제 8

5
리듬
집중 연습

- 부점 리듬
- 부점 + 점4분음표
- 부점 + 셋잇단 리듬

1. QR 코드에 접속하여 음원을 반복해서 듣습니다.

2. 악보를 시창합니다.

3. 오선 노트를 펴고 QR 코드 음원을 들으며 청음합니다.

①번 음원 : 전체 1~8마디(메트로놈)
②번 음원 : 마디를 나눠 연습(메트로놈)
③번 음원 : 메트로놈 없이 마디를 나눠 연습

①

②

③

④

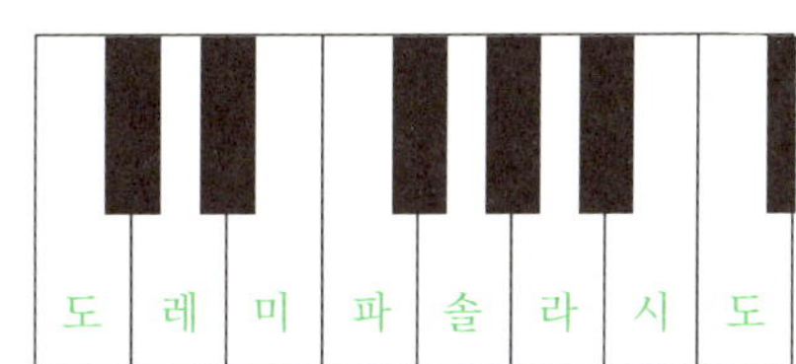

⑤

⑥

⑦

⑧

1. QR 코드에 접속하여 음원을 반복해서 듣습니다.
2. 악보를 시창합니다.
3. 오선 노트를 펴고 QR 코드 음원을 들으며 청음합니다.

①번 음원 : 전체 1~8마디(메트로놈)
②번 음원 : 마디를 나눠 연습(메트로놈)
③번 음원 : 메트로놈 없이 마디를 나눠 연습

①

②

③

④

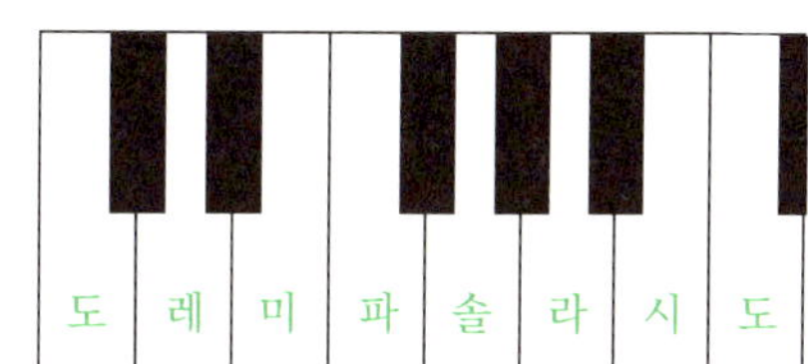

⑤

⑥

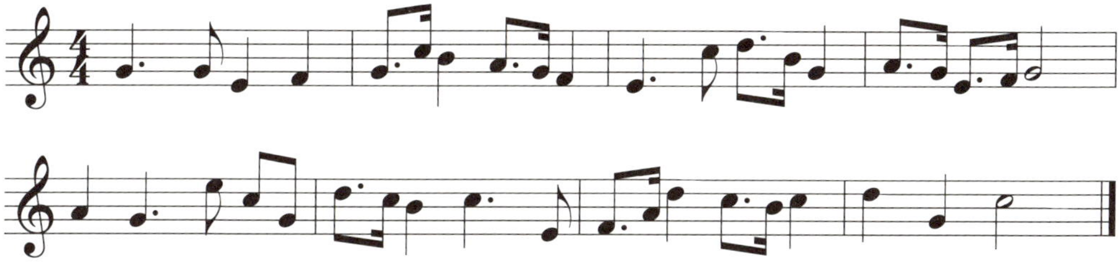

⑦

⑧

1. QR 코드에 접속하여 음원을 반복해서 듣습니다.

2. 악보를 시창합니다.

3. 오선 노트를 펴고 QR 코드 음원을 들으며 청음합니다.

①번 음원 : 전체 1~8마디(메트로놈)
②번 음원 : 마디를 나눠 연습(메트로놈)
③번 음원 : 메트로놈 없이 마디를 나눠 연습

①

②

③

④

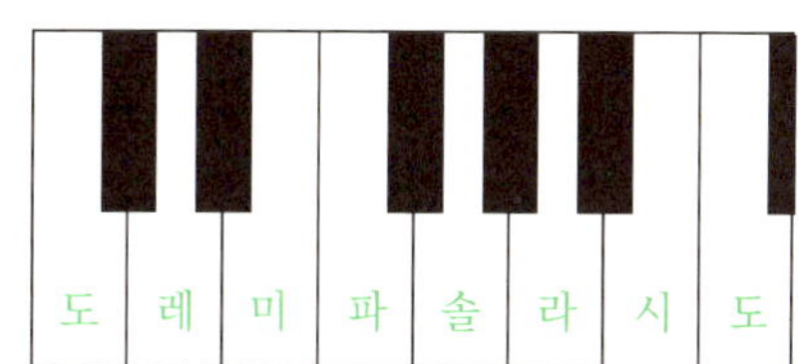
도 레 미 파 솔 라 시 도

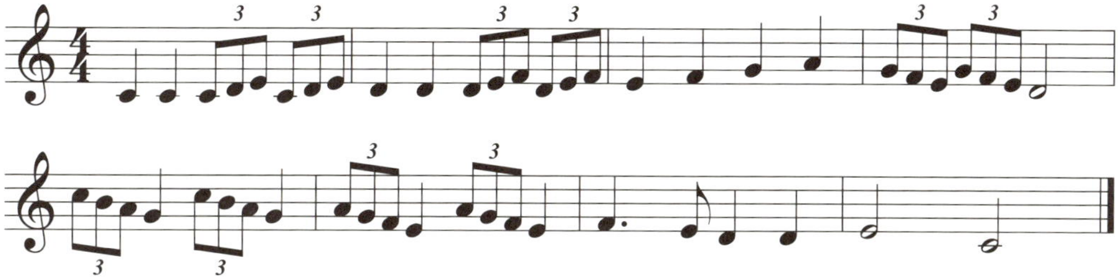

6

실전
모의고사

① 기초 시창과 청음

②

③

④

⑤

⑥

⑦

⑧

⑨

⑩

⑪

⑫

(13)

(14)

(15)

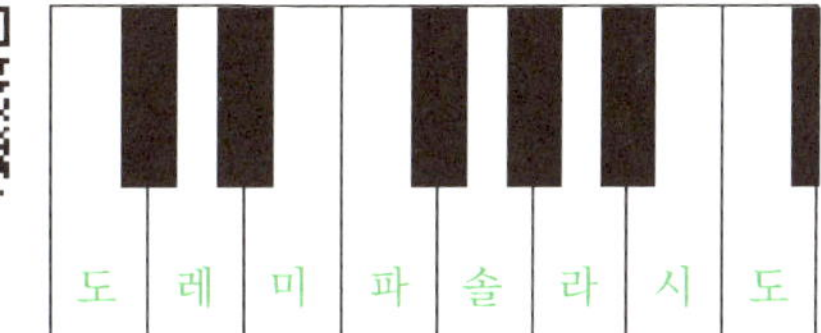

⑯

⑰

⑱

⑲

⑳

㉑

㉒

㉓

㉔

28

29

30

① 기초 시창과 청음

②

③

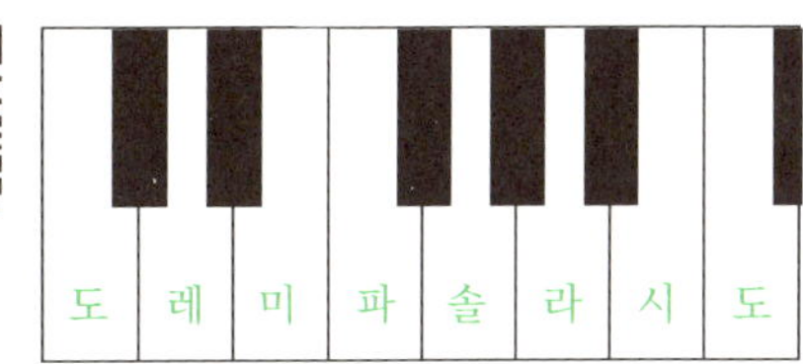

④

⑤

⑥

⑦ 기초 시창과 청음

⑦

⑧

⑨

⑩

⑪

⑫

⑬

⑭

⑮

도 레 미 파 솔 라 시 도

⑯

⑰

⑱

㉒

㉓

㉔

㉘

㉙

㉚

답안지

①

②

③

④

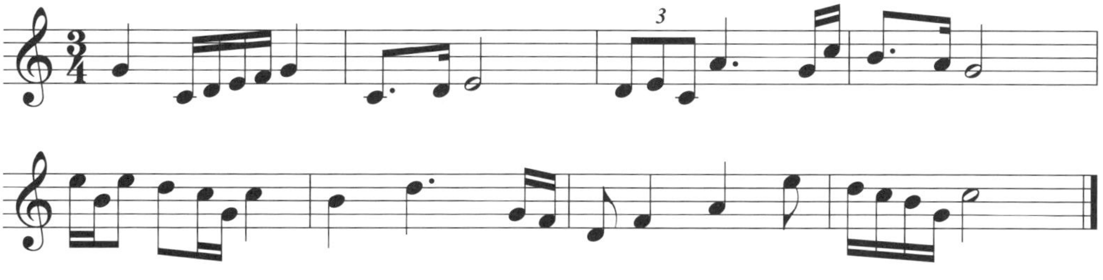

①

②

③

④

①

②

③

④

⑤
⑥
⑦
⑧

스마트폰으로 편하게 연습하는
기초 시창과 청음_입문자용

초판 1쇄 인쇄   2025년 09월 26일
초판 1쇄 발행   2025년 10월 15일

지 은 이 박은해
발 행 인 양세진
악 보 작 업 이준용
마 케 팅 정보옥
디 자 인 전혜진, JK Design
인   쇄 예림 인쇄

펴낸 곳 1458music
주소 서울특별시 서초구 바우뫼로 39길 67-17, 서경빌딩 3층
전화 070-8670-4340 / 팩스 0504-848-4340
등록 2008년 4월 21일, 제 2025 - 000065호
홈페이지 www.1458music.com
유튜브 채널 www.youtube.com/c/1458music
페이스북 www.facebook.com/1458musicbook
이메일 1458music@naver.com

copyright 박은해

책 값은 표지 뒤쪽에 있습니다.
1458music은 램프앤라이트의 음악 분야 임프린트입니다.
Sing, Play & Love

· 이 책은 저작법에 따라 보호받는 저작이므로 무단 전재와 무단 복제를 할 수 없습니다.
· 이 책의 내용 중 전부 또는 일부를 이용하려면 반드시 저작권자와 출판사의 서면 동의를 받아야 합니다.
· 잘못된 책은 구입처에서 교환해 드립니다.

ISBN 979-11-89598-72-3 (13670)